中国古医籍整理丛书

艺林汇考饮食篇

清·沈自南　辑

衣兰杰　陈宁欣　周　蓉　校注

中国中医药出版社

·北 京·

图书在版编目（CIP）数据

艺林汇考饮食篇/（清）沈自南辑；衣兰杰，陈宁欣，周蓉校注. —北京：中国中医药出版社，2015.12

（中国古医籍整理丛书）

ISBN 978 - 7 - 5132 - 2976 - 0

Ⅰ. ①艺… Ⅱ. ①沈… ②衣… ③陈… ④周… Ⅲ. ①百科全书 - 中国 - 清代 ②饮食 - 中国 - 清代 Ⅳ. ①Z225

中国版本图书馆 CIP 数据核字（2015）第 291335 号

中 国 中 医 药 出 版 社 出 版

北京市朝阳区北三环东路 28 号易亨大厦 16 层

邮政编码 100013

传真 010 64405750

保定市中画美凯印刷有限公司印刷

各地新华书店经销

＊

开本 710×1000 1/16 印张 11.25 字数 60 千字

2015 年 12 月第 1 版 2015 年 12 月第 1 次印刷

书 号 ISBN 978 - 7 - 5132 - 2976 - 0

＊

定价 35.00 元

网址 www.cptcm.com

国家中医药管理局
中医药古籍保护与利用能力建设项目
组织工作委员会

主 任 委 员 王国强

副 主 任 委 员 王志勇　李大宁

执 行 主 任 委 员 曹洪欣　苏钢强　王国辰　欧阳兵

执行副主任委员 李　昱　武　东　李秀明　张成博

委　　　　员

各省市项目组分管领导和主要专家

（山东省）武继彪　欧阳兵　张成博　贾青顺

（江苏省）吴勉华　周仲瑛　段金廒　胡　烈

（上海市）张怀琼　季　光　严世芸　段逸山

（福建省）阮诗玮　陈立典　李灿东　纪立金

（浙江省）徐伟伟　范永升　柴可群　盛增秀

（陕西省）黄立勋　呼　燕　魏少阳　苏荣彪

（河南省）夏祖昌　刘文第　韩新峰　许敬生

（辽宁省）杨关林　康廷国　石　岩　李德新

（四川省）杨殿兴　梁繁荣　余曙光　张　毅

各项目组负责人

王振国（山东省）　　王旭东（江苏省）　　张如青（上海市）

李灿东（福建省）　　陈勇毅（浙江省）　　焦振廉（陕西省）

蔡永敏（河南省）　　鞠宝兆（辽宁省）　　和中浚（四川省）

项目专家组

顾　问	马继兴　张灿玾　李经纬
组　长	余瀛鳌
成　员	李致忠　钱超尘　段逸山　严世芸　鲁兆麟
	郑金生　林端宜　欧阳兵　高文柱　柳长华
	王振国　王旭东　崔　蒙　严季澜　黄龙祥
	陈勇毅　张志清

项目办公室（组织工作委员会办公室）

主　任	王振国　王思成
副主任	王振宇　刘群峰　陈榕虎　杨振宁　朱毓梅
	刘更生　华中健
成　员	陈丽娜　邱　岳　王　庆　王　鹏　王春燕
	郭瑞华　宋咏梅　周　扬　范　磊　张永泰
	罗海鹰　王　爽　王　捷　贺晓路　熊智波
秘　书	张丰聪

前　言

　　中医药古籍是传承中华优秀文化的重要载体，也是中医学传承数千年的知识宝库，凝聚着中华民族特有的精神价值、思维方法、生命理论和医疗经验，不仅对于传承中医学术具有重要的历史价值，更是现代中医药科技创新和学术进步的源头和根基。保护和利用好中医药古籍，是弘扬中国优秀传统文化、传承中医学术的必由之路，事关中医药事业发展全局。

　　1949 年以来，在政府的大力支持和推动下，开展了系统的中医药古籍整理研究。1958 年，国务院科学规划委员会古籍整理出版规划小组在北京成立，负责指导全国的古籍整理出版工作。1982 年，国务院古籍整理出版规划小组召开全国古籍整理出版规划会议，制定了《古籍整理出版规划（1982—1990）》，卫生部先后下达了两批 200 余种中医古籍整理任务，掀起了中医古籍整理研究的新高潮，对中医文化与学术的弘扬、传承和发展，发挥了极其重要的作用，产生了不可估量的深远影响。

　　2007 年《国务院办公厅关于进一步加强古籍保护工作的意见》明确提出进一步加强古籍整理、出版和研究利用，以及

"保护为主、抢救第一、合理利用、加强管理"的方针。2009年《国务院关于扶持和促进中医药事业发展的若干意见》指出，要"开展中医药古籍普查登记，建立综合信息数据库和珍贵古籍名录，加强整理、出版、研究和利用"。《中医药创新发展规划纲要（2006—2020）》强调继承与创新并重，推动中医药传承与创新发展。

2003～2010年，国家财政多次立项支持中国中医科学院开展针对性中医药古籍抢救保护工作，在中国中医科学院图书馆设立全国唯一的行业古籍保护中心，影印抢救濒危珍本、孤本中医古籍1640余种；整理发布《中国中医古籍总目》；遴选351种孤本收入《中医古籍孤本大全》影印出版；开展了海外中医古籍目录调研和孤本回归工作，收集了11个国家和2个地区137个图书馆的240余种书目，基本摸清流失海外的中医古籍现状，确定国内失传的中医药古籍共有220种，复制出版海外所藏中医药古籍133种。2010年，国家财政部、国家中医药管理局设立"中医药古籍保护与利用能力建设项目"，资助整理400余种中医药古籍，并着眼于加强中医药古籍保护和研究机构建设，培养中医古籍整理研究的后备人才，全面提高中医药古籍保护与利用能力。

在此，国家中医药管理局成立了中医药古籍保护和利用专家组和项目办公室，专家组负责项目指导、咨询、质量把关，项目办公室负责实施过程的统筹协调。专家组成员对古籍整理研究具有丰富的经验，有的专家从事古籍整理研究长达70余年，深知中医药古籍整理研究的重要性、艰巨性与复杂性，履行职责认真务实。专家组从书目确定、版本选择、点校、注释等各方面，为项目实施提供了强有力的专业指导。老一辈专家的学术水平和智慧，是项目成功的重要保证。项目承担单位山东中医药大学、南京中医药大学、上海中医药大学、福建中医药大学、浙江省中医药研究院、陕西省中医药研究院、河南省中医药研究院、辽宁中医药大学、成都中医药大学及所在省市中医药管理部门精心组织，充分发挥区域间互补协作的优势，并得到承担项目出版工作的中国中医药出版社大力配合，全面推进中医药古籍保护与利用网络体系的构建和人才队伍建设，使一批有志于中医学术传承与古籍整理工作的人才凝聚在一起，研究队伍日益壮大，研究水平不断提高。

本着"抢救、保护、发掘、利用"的理念，该项目重点选择近60年未曾出版的重要古医籍，综合考虑所选古籍的保护价值、学术价值和实用价值。400余种中医药古籍涵盖了医经、基础理论、诊法、伤寒金匮、温病、本草、方书、内科、外科、女科、儿科、伤科、眼科、咽喉口齿、针灸推拿、养生、医案医话医论、医史、临证综合等门类，跨越唐、宋、金元、明以迄清末。全部古籍均按照项目办公室组织完成的行业标准《中医古籍整理规范》及《中医药古籍整理细则》进行整理校注，绝大多数中医药古籍是第一次校注出版，一批孤本、稿本、抄本更是首次整理面世。对一些重要学术问题的研究成果，则集中收录于各书的"校注说明"或"校注后记"中。

"既出书又出人"是本项目追求的目标。近年来，中医药古籍整理工作形势严峻，老一辈逐渐退出，新一代普遍存在整理研究古籍的经验不足、专业思想不坚定等问题，使中医古籍整理面临人才流失严重、青黄不接的局面。通过本项目实施，搭建平台，完善机制，培养队伍，提升能力，经过近5年的建设，锻炼了一批优秀人才，老中青三代齐聚一堂，有效地稳定了研究队伍，为中医药古籍整理工作的开展和中医文化与学术的传承提供必备的知识和人才储备。

本项目的实施与《中国古医籍整理丛书》的出版，对于加强中医药古籍文献研究队伍建设、建立古籍研究平台，提高古籍整理水平均具有积极的推动作用，对弘扬我国优秀传统文化，推进中医药继承创新，进一步发挥中医药服务民众的养生保健与防病治病作用将产生深远影响。

第九届、第十届全国人大常委会副委员长许嘉璐先生，国家卫生计生委副主任、国家中医药管理局局长、中华中医药学会会长王国强先生，我国著名医史文献专家、中国中医科学院马继兴先生在百忙之中为丛书作序，我们深表敬意和感谢。

由于参与校注整理工作的人员较多，水平不一，诸多方面尚未臻完善，希望专家、读者不吝赐教。

国家中医药管理局中医药古籍保护与利用能力建设项目办公室

二〇一四年十二月

许 序

　　"中医"之名立，迄今不逾百年，所以冠以"中"字者，以别于"洋"与"西"也。慎思之，明辨之，斯名之出，无奈耳，或亦时人不甘泯没而特标其犹在之举也。

　　前此，祖传医术（今世方称为"学"）绵延数千载，救民无数；华夏屡遭时疫，皆仰之以度困厄。中华民族之未如印第安遭染殖民者所携疾病而族灭者，中医之功也。

　　医兴则国兴，国强则医强。百年运衰，岂但国土肢解，五千年文明亦不得全，非遭泯灭，即蒙冤扭曲。西方医学以其捷便速效，始则为传教之利器，继则以"科学"之冕畅行于中华。中医虽为内外所夹击，斥之为蒙昧，为伪医，然四亿同胞衣食不保，得获西医之益者甚寡，中医犹为人民之所赖。虽然，中国医学日益陵替，乃不可免，势使之然也。呜呼！覆巢之下安有完卵？

　　嗣后，国家新生，中医旋即得以重振，与西医并举，探寻结合之路。今也，中华诸多文化，自民俗、礼仪、工艺、戏曲、历史、文学，以至伦理、信仰，皆渐复起，中国医学之兴乃属必然。

迄今中医犹为国家医疗系统之辅，城市尤甚。何哉？盖一则西医赖声、光、电技术而于20世纪发展极速，中医则难见其进。二则国人惊羡西医之"立竿见影"，遂以为其事事胜于中医。然西医已自觉将入绝境：其若干医法正负效应相若，甚或负远逾于正；研究医理者，渐知人乃一整体，心、身非如中世纪所认定为二对立物，且人体亦非宇宙之中心，仅为其一小单位，与宇宙万象万物息息相关。认识至此，其已向中国医学之理念"靠拢"矣，虽彼未必知中国医学何如也。唯其不知中国医理何如，纯由其实践而有所悟，益以证中国之认识人体不为伪，亦不为玄虚。然国人知此趋向者，几人？

国医欲再现宋明清高峰，成国中主流医学，则一须继承，一须创新。继承则必深研原典，激清汰浊，复吸纳西医及我藏、蒙、维、回、苗、彝诸民族医术之精华；创新之道，在于今之科技，既用其器，亦参照其道，反思己之医理，审问之，笃行之，深化之，普及之，于普及中认知人体及环境古今之异，以建成当代国医理论。欲达于斯境，或需百年欤？予恐西医既已醒悟，若加力吸收中医精粹，促中医西医深度结合，形成21世纪之新医学，届时"制高点"将在何方？国人于此转折之机，能不忧虑而奋力乎？

予所谓深研之原典，非指一二习见之书、千古权威之作；就医界整体言之，所传所承自应为医籍之全部。盖后世名医所著，乃其秉诸前人所述，总结终生行医用药经验所得，自当已成今世、后世之要籍。

盛世修典，信然。盖典籍得修，方可言传言承。虽前此50余载已启医籍整理、出版之役，惜旋即中辍。阅20载再兴整理、出版之潮，世所罕见之要籍千余部陆续问世，洋洋大观。

今复有"中医药古籍保护与利用能力建设"之工程，集九省市专家，历经五载，董理出版自唐迄清医籍，都400余种，凡中医之基础医理、伤寒、温病及各科诊治、医案医话、推拿本草，俱涵盖之。

噫！璐既知此，能不胜其悦乎？汇集刻印医籍，自古有之，然孰与今世之盛且精也！自今而后，中国医家及患者，得览斯典，当于前人益敬而畏之矣。中华民族之屡经灾难而益蕃，乃至未来之永续，端赖之也，自今以往岂可不后出转精乎？典籍既蜂出矣，余则有望于来者。

谨序。

第九届、十届全国人大常委会副委员长

许嘉璐

二〇一四年冬

王 序

中医学是中华民族在长期生产生活实践中，在与疾病作斗争中逐步形成并不断丰富发展的医学科学，是中国古代科学的瑰宝，为中华民族的繁衍昌盛作出了巨大贡献，对世界文明进步产生了积极影响。时至今日，中医学作为我国医学的特色和重要医药卫生资源，与西医学相互补充、相互促进、协调发展，共同担负着维护和促进人民健康的任务，已成为我国医药卫生事业的重要特征和显著优势。

中医药古籍在存世的中华古籍中占有相当重要的比重，不仅是中医学术传承数千年最为重要的知识载体，也是中医为中华民族繁衍昌盛发挥重要作用的历史见证。中医药典籍不仅承载着中医的学术经验，而且蕴含着中华民族优秀的思想文化，凝聚着中华民族的聪明智慧，是祖先留给我们的宝贵物质财富和精神财富。加强对中医药古籍的保护与利用，既是中医学发展的需要，也是传承中华文化的迫切要求，更是历史赋予我们的责任。

2010 年，国家中医药管理局启动了中医药古籍保护与利用能力建设项目。这既是传承中医药的重要工程，也是弘扬优秀民族文化的重要举措，不仅能够全面推进中医药的有效继承和创新发展，为维护人民健康做出贡献，也能够彰显中华民族的璀璨文化，为实现中华民族伟大复兴的中国梦作出贡献。

相信这项工作一定能造福当今，嘉惠后世，福泽绵长。

国家卫生与计划生育委员会副主任

国家中医药管理局局长

中华中医药学会会长

王国强

二〇一四年十二月

马 序

新中国成立以来，党和国家高度重视中医药事业发展，重视古籍的保护、整理和研究工作。自 1958 年始，国务院先后成立了三届古籍整理出版规划小组，分别由齐燕铭、李一氓、匡亚明担任组长，主持制订了《整理和出版古籍十年规划（1962—1972）》《古籍整理出版规划（1982—1990）》《中国古籍整理出版十年规划和"八五"计划（1991—2000）》等，而第三次规划中医药古籍整理即纳入其中。1982 年 9 月，卫生部下发《1982—1990 年中医古籍整理出版规划》，1983 年 1 月，中医古籍整理出版办公室正式成立，保证了中医古籍整理出版规划的实施。2002 年 2 月，《国家古籍整理出版"十五"（2001—2005）重点规划》经新闻出版署和全国古籍整理出版规划领导小组批准，颁布实施。其后，又陆续制定了国家古籍整理出版"十一五"和"十二五"重点规划。国家财政多次立项支持中国中医科学院开展针对性中医药古籍抢救保护工作，文化部在中国中医科学院图书馆专门设立全国唯一的行业古籍保护中心，国家先后投入中医药古籍保护专项经费超过 3000 万元，影印抢救濒危珍、善、孤本中医古籍1640余种，开展了海外中医古籍目录调研和孤本回归工作。2010年，国家财政部、国家中医药管理局安排国家公共卫生专项资金，设立了"中医药古籍保护与利用能力建设项目"，这是继1982～1986年第一批、第二批重要中医药古籍整理之后的又一次大规模古籍整理工程，重点整理新中国成立后未曾出版的重要古籍，目标是形成并普及规范的通行本、传世本。

为保证项目的顺利实施，项目组特别成立了专家组，承担咨询和技术指导，以及古籍出版之前的审定工作。专家组中的许多成员虽逾古稀之年，但老骥伏枥，孜孜不倦，不仅对项目进行宏观指导和质量把关，更重要的是通过古籍整理，以老带新，言传身教，培养一批中医药古籍整理研究的后备人才，促进了中医药古籍保护和研究机构建设，全面提升了我国中医药古籍保护与利用能力。

作为项目组顾问之一，我深感中医药古籍保护、抢救与整理工作的重要性和紧迫性，也深知传承中医药古籍整理经验任重而道远。令人欣慰的是，在项目实施过程中，我看到了老中青三代的紧密衔接，看到了大家的坚持和努力，看到了年轻一代的成长。相信中医药古籍整理工作的将来会越来越好，中医药学的发展会越来越好。

欣喜之余，以是为序。

中国中医科学院研究员

马继兴

二〇一四年十二月

校注说明

《艺林汇考》共计五篇，分别为栋宇篇、服饰篇、饮食篇、称号篇、植物篇。清·沈自南辑，初刊于清康熙二年（1663）。本次整理其中《饮食篇》七卷。

沈自南（1612—1667），字留侯，号恒斋。江苏吴江人。著作颇丰，除《艺林汇考》外，还有《历代纪事考异》《五朝国史纪事本末》《乐府笺题》《恒斋诗稿》《妇人名字录》《集陶》《酬赠草》，另与蒋自远合作《吴江竹枝词》。

据《中国古籍善本目录》著录，《艺林汇考》最早版本为康熙二年刻本，现存于北京大学图书馆、南开大学图书馆、南京图书馆和复旦大学图书馆。此外，还有乾隆十六年重刻本（已佚）和据此本抄录的《四库全书》本。

本次整理《艺林汇考饮食篇》，以《艺林汇考》清康熙二年刻本为底本，《四库全书》本为主校本，书中所引相关文献为他校本。本书通篇征引以释名物，一物之训常达页馀甚至数页，而其体例清晰、文字畅达，虽难句僻字多多，并多取古音古义，细细读来亦能明白，故此次整理以标点、正误为主，不一一注释文字。具体校注原则如下：

1. 采用简体横排形式，对原书进行标点。

2. 底本无目录，按正文提取目录。

3. 底本中的异体字、古字、俗字，凡与训诂、沿革有关者，均保留原字形，其他则予以径改，不出校记。通假字于首见处出注说明。

4. 典故与生僻字词酌加注释。

5. 本书所引文字多有与原著不尽符合处，不碍文义者，不出校记。

6. 本书所涉典籍文献、史实人物甚多，凡不需校勘处，不详加注释。

7. 底本每卷卷前有"吴江沈自南留侯辑"字样，今删去。

8. 丛书底本《植物篇》前有程邑丛书序，《栋宇篇》前附有作者自述《艺林考证汇言》引，《饮食篇》前有作者自序。今分别依上述顺序置于文前。

《艺林汇考》序

　　春秋列国，名公卿当聘问①燕享②，赋诗稽古，辨星辰、鸟兽、草木之灾祥，烛微而探隐，不独公孙侨称博物君子也。由汉魏而降，班固、贾谊、扬雄、马融及束皙、张华、刘孝标之徒，未易更仆数③，皆能读鲁壁④、汲冢⑤之书。或一物而识之千百年，一类而疏以数十事，苟与之晨夕焉？虽图史可勿设也。至如金根、凤毛之缪，丙吉⑥、韩信之讹，令狐丞相不习南华，列宿名郎误求杜若，贻讥至今，学士羞之。吾友留侯于古人书无所不读，既高宴曲江，犹横经⑦芸室，当披其帷于太湖之南，垂虹之西，万卷之乐，踰于百城，迨枳有岁月，而有《艺林汇考》之刻，其功于缀文采藻之家，岂浅也哉！夫隋珠荆玉，玄圃之宝也，而分之未映其齐辉；粤镈燕函，山川所钟也，而合之未彰其殊美。故有区以别者，若五音之各调其宫；有

---

　　①　聘问：指男方向女方行聘定婚。
　　②　燕享：也作"燕飨"。指以酒食款待人。
　　③　更仆数：计算。
　　④　鲁壁：指孔子故宅藏有古文经传的墙壁。后借指古文经学和今文经学。
　　⑤　汲冢：即"汲冢书"，晋代汲郡人偷盗魏襄陵墓所得竹书，其简文皆用"蝌蚪文"写成，所以又称"竹书""汲冢古文"。
　　⑥　丙吉：字少卿，鲁国（今山东）人。西汉名臣。
　　⑦　横经：横陈经籍。指受业或读书。

会而归者，若万壑之必流于海。不徒以正三豕①而辨六鹢②，亦愧夫缀千羊③而补一狐者矣。昔张衡之研京④也以十年，左思之练都⑤也以一纪。雕绘博洽，取材良苦。使留侯生古人之前，是编成千载而上，又何事门庭藩溷，皆著笔札，而后声出金石，鼓吹大雅也哉！世之考古者能无怀瓣香以祝南丰⑥云。

康熙癸卯岁春王正月年眷弟程邑题于吴门之介轩署中

---

① 三豕：典出《吕氏春秋·察传》，孔子学生子夏赴晋，听闻读史者云："晋师伐秦，三豕涉河"，纠正为"己亥涉河"。后用"三豕涉河"借指文字传写或刊印讹误。

② 六鹢：典出《公羊传·僖公十六年》，人们先看到天上有六个不明物体，经过仔细观察，发现原来是六只水鸟被风吹得倒退着飞过宋国。后用"六鹢退飞"比喻记述准确或为学缜密有序。

③ 千羊：典出《史记·赵世家》，春秋时，晋卿赵简子的臣子周舍喜欢直谏，周舍死后，赵简子因再听不到谔谔直言而伤心。后用"千羊之皮，不如一狐之腋"比喻众愚不如一贤。

④ 研京：指张衡作《二京赋》构思十年，借指文思缜密而迟缓。

⑤ 练都：指左思作《三都赋》构思十二年，亦指文思缜密而迟缓。

⑥ 怀瓣香以祝南丰：典出宋·陈师道《观兖文忠公家六一堂图书》诗："向来一瓣香，敬为曾南丰。"一瓣香，即一炷香，指用点燃的一炷香表示心中的虔诚。南丰，即曾巩，字子固，世称"南丰先生"。

《艺林考证汇言》引

　　昔沈约①、任昉②，梁号通儒，犹事咨刘杳③；王俭④、何宪⑤，齐称博学，每言屈陆澄⑥。岂阂钜⑦无闻，抑综核匪易。故连篇雕缋⑧，未谓通才；而只字龃龉，便伤大雅。彼读书不求解，知是寓言；至留误以待思，斯惟达者。岂谓文章小道，能略训诂迂词。讳求银管之繇⑨，致改金根之谬⑩。一言获戾，九悔靡追。恒于浏览之馀，每甚疏庸之惧。在昔作家，若麟

---

　　① 沈约：字休文，南朝梁吴兴武康人。著有《宋书》《齐记》《梁武记》等，均佚。

　　② 任昉：字彦昇，南朝梁乐安博昌人。今存《任彦昇集》辑本。

　　③ 刘杳：字士深，南朝梁平原平原人。撰《要雅》《楚辞草木疏》《古今四部书目》等。

　　④ 王俭：字仲玉，南朝齐琅邪临沂人。官至中书监。著有《元徽四部书目》《古今丧服集记》等。

　　⑤ 何宪：字子思，南朝齐庐江灊（今安徽霍山县）人。官本州别驾、国子博士。

　　⑥ 陆澄：字彦渊，南朝齐吴郡吴人。官至尚书殿中郎、御史中丞。

　　⑦ 阂钜：宏大。

　　⑧ 雕缋（huì 会）：喻工巧华美的辞藻。

　　⑨ 银管之繇（yáo 谣）：谓文章之久远。银管，银色或白色的笔。繇，通"遥"，久远。

　　⑩ 金根之谬：典出唐·李绰之《尚书故实》，韩愈之子韩昶任集贤校理时，见史书有"金根车"，不经考证，臆断"金根"为"金银"之误而妄改之。后用"金根"借指文字遭谬改。

州①、梦溪②、渔隐③、野客④之条贯；今兹哲匠，则俨山⑤、升庵⑥、弇州⑦、元瑞⑧之淹通。其他名世钜儒，数难更仆；至于稗官杂说，多足汗牛。若辨析精详，累章可录；或发明疑似，片语足资。第其旨散，殊惜未经条贯。爰收散帙，汇辑成篇，辄析诸家，分从类列。存为典故，庶几端临⑨、渔仲⑩之功臣；核其罔诬，是堪成式、子年之恶石。第有事乎搜罗，未敢参以评骘。将防挂漏，宁嫌诠次之愚；求便观瞻，不厌标题之易。所恨见闻孤陋，未尝夙究三苍；徒幸岁月优闲，聊以穷兹五技。仰希博雅，用诲愚蒙。

吴江沈自南述

---

① 麟州：王世懋，字敬美，号麟州，明江苏太仓人。嘉靖三十八年（1559）进士，善诗文，著有《王奉常集》《艺圃撷余》《闽部疏》等。

② 梦溪：沈括，字存中，号梦溪丈人，北宋浙江杭州钱塘县（今浙江杭州）人。著有《梦溪笔谈》。

③ 渔隐：胡仔，字元任，号苕溪渔隐，南宋徽州绩溪（今属安徽）人。著有《苕溪渔隐丛书》一百卷。

④ 野客：王楙，字勉夫，号分定居士，宋福州福清人。著有《野客丛书》。

⑤ 俨山：陆深，初名荣，字子渊，号俨山，明南直隶松江府（今上海）人。著有《俨山外集》三十四卷。

⑥ 升庵：杨慎，字用修，号升庵，明四川新都（今成都市新都区）人。著《升庵集》。

⑦ 弇州：王世贞，字元美，号凤洲，又号弇州山人，明苏州府太仓人。著有《弇州稿选》十六卷。

⑧ 元瑞：刘麟，字元瑞，明江西安仁人。弘治九年（1496）进士，官至工部尚书。谥清惠。著有《刘清惠集》。

⑨ 端临：刘台拱，字端临，清江苏宝应人，乾隆三十五年（1770）举人，官丹徒县训导。著有《论语骈枝经传小记》《国语补校》《汉学拾遗》等。

⑩ 渔仲：郑樵，字渔仲，世称夹漈先生，北宋兴化军莆田（福建莆田）人。史学家、目录学家。

《饮食篇》序

　　饮食之人，则人贱之，此为不究心于饮食者言也。不究心于饮食，而营营①焉以饮食为事，虽终日饮食，而谓之不知饮食可也。故曰：人莫不饮食也，鲜能知味也。夫盐苦辛酸，入口易辨，调和烹饪，拙妇所能。而君子曰"鲜能"，则夫饮之食之，当有在乎饮食之外矣。今饾饤②具备，而或不能举其名；即粟菽日陈，而或不得详其义。适于夕者，而或戾于朝，宜于左者，而或违于右。则一举匕③间而昧昧④于名物、格格于义类者多矣。奚必登炼珍⑤之堂以称奇，读膳夫⑥之录而不识哉？为辑《饮食篇》。

吴江沈自南撰

---

① 营营：追求、奔逐。

② 饾饤（dòudìng 豆定）：指多而杂的食品。

③ 匕：古代一种饮食器具，状似汤勺。

④ 昧昧：模糊不清。

⑤ 炼珍：精致美食。

⑥ 膳夫：古代官名，为食官之长。《周礼·天官·冢宰》："膳夫掌王之食饮膳馐，以养王及后、世子。"

目 录

卷四　烹脍类

卷五　酒醴类上

卷六　酒醴类下

卷一　饔膳类

《隽言》

《杜周应作钦传》：“亲二宫之饔①膳。”今按：《周礼》郑注：“膳，牲肉也。”师古曰：“熟食曰饔，贾公彦②《周礼》疏注云：‘饔，和也。熟食须调和，故号曰饔。’具食曰膳。膳之言善也。”

《丹铅录》

《周礼》注：“小礼曰飧③，大礼曰饔。”今按：此郑氏《秋官·司仪》注文，饔下尚有饩④字。贾公彦疏：“云小礼曰飧者，聘礼使宰夫⑤设飧，礼物又少，故曰小；云大礼曰饔饩者，以其有牲有牵⑥，刍薪米禾又多，故曰大。”《仪礼·聘礼》注云：“牲杀曰饔，生曰饩。”又曰：“飧，客始至之礼。饔，既将币之礼。”此郑氏《春官·外饔》注文。今之通训曰：“朝饔夕飧⑦。此本赵岐《孟子》注。飧，如今驿舍下马饭，饔，如今下马宴。客至必夕，夕食未盛，故曰夕飧。享宴必以早为敬，而享宴

---

①　饔（yōng 庸）：熟食。
②　贾公彦：初唐铭川永年（今河北永年县）人，礼学名家，曾参加《礼记正义》的编修。在北周沈周《周礼义疏》的基础上，参考魏晋南北朝诸家之说，著成《周礼疏》50卷。
③　飧（sūn 孙）：此指熟食。
④　饩（xì 细）：古代祭祀或馈赠用的活牲畜。
⑤　宰夫：古代官名，掌管膳食的小吏，后代也称厨师。《周礼·天官·宰夫》：“宰夫之职掌治朝之法，以正王及三公六卿大夫群吏之位，掌其禁令。”
⑥　牵：指能牵走的牲畜，如牛、羊、猪等。
⑦　飧：此指晚饭。

必盛，故曰朝饔。然飧字从夕食，今作飱，讹矣。"

《余氏辨林》

饔飧，注云："朝饔夕飧。"及考《通俗文》"水浇饭曰飧"，则是古人夜亦食粥也。

《诗名物疏》

《说文》云："食，一米也，从皂①皮及反，亼②音集声。"《周书》云："黄帝始蒸谷为饭，烹谷为粥。"《周礼》："膳夫，王食用六谷，食医掌和王之六食。"《礼记》云："食，养阴气也。"又云："食齐③视春时，羹齐视夏时，酱齐视秋时，饮齐视冬时。"《释名》云："食，殖也，所以自生殖也。"《古史考》云："神农时人方食谷，加米于烧石之上而食之。黄帝时始有釜甑，火食之道成矣。"

《诗名物疏》

《说文》："饎④，酒食也，或从巸音夷，或从米。"《周礼》："饎饎同人掌凡祭祀共盛。"《仪礼》"主妇视饎爨⑤于西堂下"，注云"炊黍稷曰饎"。

《诗名物疏》

《传》云："熟食曰飧。"《笺》云："飧读如鱼飧之

---

① 皂（bī 逼）：一粒。
② 亼（jí 及）：同"集"。
③ 齐：通"剂"。调剂。
④ 饎（xī 西）：粮食。
⑤ 饎爨（cuàn 窜）：烧火煮饭。

飧。"《说文》："飧，餔①也，从夕食。"《字林》云："水浇饭也。"《韵会》注云："人旦则食饭，夕则食飧。飧为饭别名。"《释名》云："飧，散也，投水于中解散也。"

按《郑志·答张逸》云："《礼》飧饔太多，非可素，故易传然。"《说文》云："水浇饭。"《左传》："僖负羁②馈盘飧③，赵衰以壶飧④从，馁而不食。"未始非熟食也。不知郑何见定以熟食为牢礼⑤之飧乎？

《诗名物疏》

《释诂》云："馌⑥，馈也。"孙炎云："馌，野之馈也。"

《诗名物疏》

《传》云："粲，餐也。诸侯入为天子卿士，食采禄。"《周礼》疏云载师⑦"家邑任稍地，则大夫之采也。小都任县地，则六卿之采也。大都任疆地，则三公之采也。"古者禄皆月别给之，若今月奉。《尔雅》云："粲，餐。"郭璞曰："今河北人呼食为粲。"朱传或曰："粲，粟之精凿者。"

---

① 餔（bū 晡）：申时吃的饭食。
② 僖负羁：又名釐负羁。春秋时代曹国大夫。
③ 盘飧：盘盛食物的统称。
④ 壶飧：壶盛的汤饭熟食。
⑤ 牢礼：古代以牛、羊、猪三种牲畜宴饮宾客之礼。
⑥ 馌（yè 叶）：给在田间耕作的人送饭。
⑦ 载师：古代官名，掌理土地赋役等事务。《周礼·地官·载师》："载师掌任土之法，以物地事授地职，而待其政令。"

《示儿编》

《生民》诗曰："释之叟叟，蒸之浮浮。"毛曰："释，淅米[1]也。"孔曰："淅米，谓洮[2]米也。叟叟，声也。浮浮，气也。"又曰："《释训》云'溞溞，淅也。烰烰，气也。'"樊光远引此诗。孙炎曰："溞溞，淅米声。烰烰，炊之气。"《传》以洮米则有声，炊饭则有气，取《尔雅》之意为说也。淅，星历反；溞，苏刀反；烰，音浮。《孟子》曰："接淅[3]而行。"赵曰："淅，渍米也，不及炊。"淅，先历反。考是二说，皆读曰淅。今之好事者，凡称士大夫之家淅米饭，多作折声呼之，良可怪笑。然退之《城南联句》云"淅玉炊香粳"，淅亦作淅，又何耶？

《刊谬正俗》

《郊特牲》云："既奠，然后焫[4]萧合膻芗[5]。"此言萧焫以脂合黍稷烧之。膻者，脂气；芗者，黍稷气。于义自通。而康成乃云膻当为馨字之误，亦为迂曲矣。

《刊谬正俗》

庄十年，曹刿之乡人谓刿曰："肉食者谋之，又何间焉？"对曰："肉食者鄙，未能远谋。"而今流俗，谓凡是

---

① 淅（xī 西）米：淘米。淅，渍。
② 洮（táo 淘）：古同"淘"，洗去杂质。
③ 接淅：捧着已经淘湿的米。语出《孟子·万章下》："孔子之去齐，接淅而行。"朱熹《集注》："接，犹承也；淅，渍米也。渍米将炊，而欲去之速，故以手承米而行，不及炊也。"后以此喻行色匆忙。
④ 焫（ruò 若）：原作"爇"，据《礼记·郊特牲》改。焫，焚烧。
⑤ 芗（xiāng 香）：紫苏一类的香草，古代用来调味。

食看炙者，即合志识昏蔽，心虑愦浊，不堪谋事，故须蔬食菜羹，襟神明悟为之也，至乃递相戏弄，以为口实，不亦谬乎？

《隽言》

《匈奴传》："父兄缓带，稚子咽哺。"师古曰："咽，吞也。哺谓所含在口者也。咽音宴，哺音捕。"

《隽言》

《韩信传》"乃晨炊蓐①食"，张晏曰"未起而床蓐中食也"。又"令其裨将传餐"，服虔曰"立驻传餐食也"，如淳曰"小饭曰餐。破赵后乃当共饱食也"。

《郑当时传》"不过具器食"，师古曰"犹今言一盘食也"。《叔孙通传》"吕后与陛下攻苦食啖"，如淳曰"食无菜茹为啖"，师古曰："啖当作淡，淡谓无味之食也。言共攻击勤苦之事，而食无味之食也"。

《资暇录》

杜诗："顿顿食黄鱼。"晋谢仆射、陶太常同诣吴领军，坐久，吴留客作食，至日已中，使婢卖物供客，比得一顿食，殆无气可语。

《能改斋漫录》

食可以言一顿。《世说》："罗友②尝伺人祠，欲乞食。

---

① 蓐：通"褥"，床褥。《后汉书·赵岐传》："有重疾，卧蓐七年。"
② 罗友：字宅仁，东晋襄阳人。事迹见《世说新语·任诞》及《太平御览》卷四九八引《续晋阳秋》。

主人迎神出，曰：何得在此？答曰：闻卿祠，欲乞一顿食耳。"

《野客丛书》

《漫录》曰："食可以言顿。"《世说》罗友曰："欲乞一顿食。"仆谓顿字岂惟食可用。如《前汉书》"一顿而成"，是言事也。《唐书》"打汝一顿"，是言杖也。《晋书》"一时顿有两玉人"，是言人也。宋明帝"王忱嗜酒，时以大饮为上顿"[①]，是言饮也。岂独食哉！《续释常谈》引《世说》以证"一顿"二字出处，不知二字已见《前汉书》矣。

《丹铅录》

俗语饭曰一顿，其语亦古有之。《贾充传》云："不顿驾而自留矣。"《隋炀帝纪》云："每之一所，辄数道置顿。"元微之《连昌宫词》："驱令供顿[②]不敢藏。"《文字解诂》："续食[③]曰顿。"

《五杂俎》

六朝时呼食为头。《北户录》："梁[④]元帝'谢赐功德

---

① 王忱……上顿：典出南朝宋明帝《文章志》。王忱，字元达，小字佛大。东晋太原晋阳（今山西太原）人。历任骠骑长史、荆州刺史等。好饮嗜酒。《世说新语·任诞》："王佛大叹言'三日不饮酒，觉形神不复相亲。'"南朝梁刘孝标注"宋明帝《文章志》曰：'忱嗜酒，醉辄经日，自号上顿。'世谚以大饮为上顿，起自忱也。"

② 供顿：供给行旅宴饮所需之物。

③ 续食：相继供给食物。

④ 梁：原作"晋"，《四库全书》本亦作"晋"，据《北户录》及《类说》卷十三改。

净馔一头’，又‘谢齐功德食一头’，又刘孝威‘谢赐果食一头’。一头即今一筵也。然古未前闻，不知何义。”

《能改斋漫录》

世俗例以早晨小食为点心，自唐时已有此语。按唐郑修为江淮留后，家人备夫人晨馔，夫人顾其弟曰：“治妆未毕，我未及餐，尔且可点心。”其弟举瓯已罄。俄而女仆请饭库钥匙，备夫人点心。修诟曰“适已给了，何得又请”云云。

《野客丛书》

《漫录》谓“世俗例以早晨小食为点心”云云。或谓“小食”亦罕知出处。仆谓见《昭明太子传》曰：“京师谷贵，改常馔为小食。”小食之名本此。

《老学庵笔记》

梅宛陵诗好用“案酒”，俗言“下酒”也。出陆玑《草木疏》：“荇，莄①音接，亦作接余也。煮其白茎，以苦酒浸之，脆美可案酒。”今北方多言案酒。

《宛委馀编》

陆玑《草木疏》：“若可按酒。”梅宛陵诗多用“案酒”字。今俗云“添案”，盖出此也。

《黄氏笔记》②

龚颐正《续释常谈》最号详博，“案酒”二字出《仪

---

① 莄（jiē 接）：荇菜，一种水生植物，嫩茎可食，亦可入药。
② 黄氏笔记：指《日损斋笔记》，元代黄溍著。

礼》注，乃遗而弗及，盖其所释者，当时南方之常谈耳。

《名义考》

今谓折俎①曰案酒，谓腥曰下饭。《说文》："下也，亦作案。"陆玑云："荄余浸以苦酒，肥美可以案酒。"下饭，古无是称，今人谓腥可以下饭也。又谓归饩②曰下程③。夫行者登途曰上路，则停骖④当曰下程，必有归饩以食，俗所谓下马饭者也。

《鹤山雅言》

进食之礼，左殽右胾⑤。食居人左，羹居人右。方氏云："食以六谷为主，地产，以作阳德，故居左；羹以六牲为主，天产，以作阴德，故居右。"孔氏谓熟肉带骨而脔曰殽，纯肉切之曰胾。骨是阳，故在左；肉是阴，故在右。饭燥为阳，羹湿为阴，义亦通。

---

① 折俎（shézǔ 舌阻）：古代祭祀、宴会时，杀牲肢解后置于俎上。俎，盛牺牲的礼器。《仪礼·乡饮酒礼》："宾升自西方，乃设折俎。"贾公彦《疏》："凡解牲体之法，有全烝其豚。解为二十体，体解即此折俎是也。"

② 归饩：向人赠送食物。归，通"馈"，饷，赠送。饩，米粮、牲口等食物。典出《左传·哀公十二年》："夫诸侯之会，事既毕矣，侯伯致礼，地主归饩，以相辞也。"杜预注："饩，生物。"

③ 下程：设宴送别。

④ 骖（cān 参）：此指马车。

⑤ 左殽（yáo 摇）右胾（zì 字）：出自《礼记·曲礼》。注云："殽，骨体也；胾，切肉也。殽在俎，胾在豆。"疏云："熟肉有骨俎。"

《鹤山雅言》

御食①于君，郑氏谓"劝侑②曰御"，吕氏谓"侍食也"，如《内则》"父没母存，冢子③御食"是也。予谓御字，字义谓行止有节，音如"诏王驭群臣"之驭同。

《丹铅录》

会聚饮食曰酺④。酺之为言哺也，以食曰餔，以饮曰酺。《诗》曰："以开百室。"郑氏笺曰："百室出必共洫⑤而耕，入必共族而居也。"又有"祭酺合醵⑥之欢"。《周礼》："族师祭酺。"《注》："酺者，为人、物灾害之神，田有螟蟘，厩有马瘟，皆祭之，祭毕而合饮，遂名为酺也。"《校人》"冬祭马步"，杜子春云"步即酺也"，则其音当为步也。《春秋纬》云："酒者，乳也。王者法酒旗以布政，施天乳以哺人。"后世酺祭废而群饮有禁。汉世有赐酺之典。丘文庄谓禁民饮尚不可，况导之使饮乎？此言殊未当。

《嫩真子》

国初号令犹有汉唐之遗风。大中祥符元年正月三日，天书降，大赦，改元，东都赐酺三日。此盖汉遗事也。汉

---

① 御食：君长进食时在一旁侍候。出自《礼记·曲礼》："御食于君，君赐馀，器之溉者不泻，其馀皆泻。"

② 劝侑（yòu 右）：劝人喝酒、吃饭。

③ 冢子：也作"冢息""冢嗣"。嫡长子。

④ 酺（pú 蒲）：聚会饮酒。

⑤ 洫（xù 序）：田间的水道。

⑥ 合醵（jù 巨）：聚在一起饮酒。醵，大家凑钱饮酒。

律：“三人以上无故饮酒，罚金四两。”故汉以赐酺为惠泽，令得群饮酒也。酺音蒲。注云：“王德布于天下，而合聚饮食为酺。”或问赐酺起于汉乎？仆对曰："《赵世家》载‘武灵王行赏，大赦，置酒酺五日’，则自战国时已如此矣。”按酺字或作脯，音义同。

《臆乘》

世多用“烹鲜”字，未若《前汉·陆贾传》曰“数击鲜，毋久溷①汝为也”，注云“击杀牲牢，与我鲜食”，“击鲜”二字为胜。刘攽②注引《史记》云“数见不鲜”，谓言人之常情，频见则不美；又引《马宫传③》“不鲜”，谓汉人语。而《史记》本传注云："不鲜之义，乃必令鲜美作食，莫令见不鲜之物也。”按《马宫》："三公之位，鼎足承君，不有鲜明固④守，无以居位。” 如是则又与所援不同，未知孰是？《尚书·益稷篇》“暨益奏庶鲜食”，注云“鸟兽之食也”。《无逸篇》“惠鲜鳏寡”，言穷民垂首丧气，文王之惠绥，莫不鲜鲜然有生意。 “鲜”字解“惠”，亦奇。

《真珠船》

今人宴终必荐粉羹，其来颇远。陈正敏《遁斋闲览》云："太祖内宴，先命进粉，故名头食。”后人宴终方荐此

---

① 溷（hùn 混）：扰乱，打扰。
② 刘攽：原作“刘汾”，据《汉书》卷四十三《陆贾传》改。
③ 马宫传：原作“马公传”，据《汉书》卷八十一改。
④ 固：原作“凤”，据《汉书》卷八十一改。

味，盖失其次耳。

《野客丛书》

今人茹素，而亲邻设酒肴以相暖热，名曰开荤，于理合曰开素。此风已见六朝，观[1]东昏侯丧潘妃之女，阉竖共营肴羞[2]，云为天子解菜，正其义也。

《说略》

论云从旦至中，其明转盛，名之为时，中后明没，名为非时。今言中食，以天中日午时得食。僧祇云："午时日差一发，即是非时。"《毗罗三昧经》"瓶沙王问佛：何故日中佛食？答云：早起诸天食，日中三世佛食，日西畜生食，日暮鬼神食。佛制断六趣，令同三世佛食也。"

《刊谬正俗》

《丧服》传记云："既虞[3]，饭疏食，水饮。既练[4]，食菜果，饭素食。"注云："素犹故也，谓平生时食也。"按素食，谓但食菜果糗[5]饵之属，无酒肉也。礼家变节，渐为降杀。始丧，三日不食，卒哭之内，朝夕各一溢[6]米为粥而已。既虞，疏食水饮。疏食谓粗粝[7]之饭，单率之

---

① 观：原无，据《说略》卷二十五补。

② 肴羞：佳肴、美食。

③ 虞：丧祭名。父母葬后，迎魂安于殡宫的祭礼。

④ 练：丧服的一种。十三月之祭，服练布做的冠服，转指古时父母丧后周年的祭名。

⑤ 糗（qiǔ）：干粮、炒熟的米面等。

⑥ 溢：同"镒"。古制二十四两为一镒。

⑦ 粗粝（lì历）：糙米。

菜也。既练，遍食菜果酸咸。既除丧①，始食干肉饮酒，乃复平生时食耳。此是《礼经》明文。安得始练便复平生故食乎？又班书《霍光传》载昌邑王过失云"典丧不素食"。《王莽传》云"每有水旱，莽辄素食。太后诏莽曰：闻公菜食，忧民深矣。今秋幸熟，公勤于职，幸以时食肉。"据此益知素食是无肉之食，非平生食也。今俗谓桑门②斋食为素食。

《余氏辨林》

古人蔬食，是乏米以蔬充食，非但不得肉也。汉赵孝夫妇常蔬食，而以谷阴让弟礼，礼觉，亦不食谷，遂共蔬食。则蔬食之非谷食无疑。

《癸辛杂识》

《庄子·人间世》云："仲尼曰：斋。回曰：回之家贫，唯不饮酒不茹荤者数月矣，若此则可以为斋乎？曰：祭祀之斋，非心斋也。"成玄英注曰"荤，辛菜也"。按《说文》"荤，臭菜也"，锴曰"通谓芸苔、椿、韭、蒜、葱、阿魏之属，气不洁也"。《荀子·哀公篇》孔子曰："夫端衣玄裳而乘辂者，志不在于食荤。"注云"荤菜，葱韭之属"。《论语》"斋必变食。"《周礼·膳夫》："王斋日三举③"，郑注云"斋必变食也"，疏曰"斋必变食，故加

---

① 除丧：除去丧服，或由重丧服改着轻丧服。
② 桑门：梵语的音译，现译作沙门。为出家的佛教徒之总称，也指佛门。
③ 举：杀牲盛馔。

牲体至三太牢"。牛羊豕共为一牢。三举，朝也，日中也，夕也。凡用三大牢盖不敢馂馀①，以渎其精明也。胡明仲论梁武曰："祭祀之斋，居必迁，坐必变服，斋必变食，食谓盛馔，一其心志，洁其体气，以与神明交，未尝不饮酒不茹荤也。"晦庵释"斋必变食"，亦取《庄子》，而黄氏亦兼取之。朱又谓"荤是五辛"，又曰"今致斋有酒"，非也。然《礼》中乃有饮不致醉之说，何耶？

《留青日札》

《礼记》"荤"，注"姜及辛菜"。《荀子》"志不在于食荤"，注"葱薤也"。道家以韭、蒜、芸薹、胡荽、薤为五荤。《楞伽经》："五辛，一大蒜、二茖葱②、三慈葱③、四兰葱④、五兴渠⑤。"谓之五种辛菜。立春日五辛盘，今多用芥，取发新之意。

《余氏辨林》

《礼·玉藻》云"膳于君有荤"，注"姜及辛菜也"。《荀子》云"志不在于食荤"，注"葱薤也"。今释家止以韭、蒜、芸薹、胡荽、葱为五荤，而姜薤辛菜毫不之忌。今按：《礼记》郑注："荤、姜及辛菜，辟凶邪也。"孔颖达云："恐

---

① 馂（jùn 俊）馀：吃剩的食物。

② 茖（gé 格）葱：薤。一种野葱，形似韭类。

③ 慈葱：葱之正名。

④ 兰葱：小蒜。又《杂阿含经》云："非小蒜，木葱是也。木葱即韭也。"

⑤ 兴渠：又名阿魏。一种印度香料，叶如蔓菁，根如萝卜，生熟皆臭如蒜。

邪气干犯，故用辟凶邪之物覆之。"则释氏之忌，谬也。

《说略》

《梵网经》言："修行者，不得食五辛。五辛者，一葱、二薤、三韭、四蒜、五兴渠"。释慧日云："僧徒中多迷五辛中兴渠，或云芸薹、胡荽，或云阿魏。惟《净土集》中别行尽著中'五辛此土唯有四：一蒜，二韭，三葱，四薤，阙于兴渠。'梵语稍讹，正云形具。馀国不见，回至于阗，方得见也。根粗如细蔓菁根而白，其臭如蒜。彼国人种，取根食也。于时冬天到彼，不见枝叶。薹、荽非五辛，所食无罪。"

《留青日札》

今斋食者，诸荤皆禁忌，反食牛乳白鲞①，以为佛家许食乳饼、石首。不知乳乃广东乳田所种，实米粉蛹音勇汁；石首即石耳，乃深山穷崖所产者。

《白獭髓》

浙间以牛乳为素食，佛以为食。嘉定间，黄子中大谏②言："向在广中，见韶阳属邑乳源民诉于漕司，与民争乳田。亲引而问之，何谓乳田？民曰：乡中有地种乳，先掘地成窟，以粳米粉铺于窖内，以草盖之，用粪壤壅之，候雨过气出则发开，而米粉已化成蛹，如蛴螬状。取蛹作汁，以米粉渍而蒸成乳，食之也"。韶阳乃六祖禅师显化

---

① 鲞（xiǎng 想）：风干的鱼。
② 大谏：唐宋时谏议大夫之别称。

道场，而彼中皆为此，不知其故，恐乡原不以牛乳为食耳。

《书传正误》

燕窝、海粉二物，俗以为海味之素食，误也。燕窝，系银鱼之初生者，海燕衔以结窝，故曰燕窝。海粉，是海鱼口吐之物，以其形似粉，故曰海粉。鱼去而海粉浮，土人收之，其色绿，若日晒过收之，其色黄。是二物者，一本鱼质，一为鱼吐，非素物也。

《丹铅录》

《书集》：谢人馈食，曰昨损丰馈，又曰芳饪，见《何曾传》。

《丹铅录》

夏日供帐饮食处曰冰厨，见《越绝书》。闾庐，庖所也。

《集览》

征羌诸将，多盗牢禀①。禀，笔锦反，赐谷也。按《西域传》"须诸国禀食"，注"禀，给也，读与廪同，音力稔反"。《前书音义》曰："牢禀，食也。古者名禀牢。"

《集览》

光启三年，广陵城中无食，以堇泥为饼。《通鉴释文》曰："堇，草名。《尔雅》谓之啮苦。今堇葵也。"愚谓此

---

① 牢禀（lǐn 凛）：粮饷。

说恐误。案：堇，当音芹。《说文》："堇，黏土也。"徐氏曰："今人谓水中泥黏者为堇。"且上文云草根木实皆尽，则又安得有堇葵？在此必黏土无疑。隋炀帝时，江都民捣藁①煮土而食。唐昭宣时，朱全忠围刘守文于沧州，城中食尽，丸土而食。以此益信非堇葵明矣。

《庶物异名疏》

《博物志》："徐州人以土为蓬块。"刘守光围沧州，城中食尽，食堇块，黏土也。

《示儿编》

前辈多引脱粟饭为公孙弘事。按《韩子春秋》"晏婴齐相，尝食脱粟米，不食重味"，则是倡自晏平仲。

《演繁露》

《王嘉传》"玉食"注言："精好如玉。"《周礼》："王斋则供玉食。"郑玄注云："玉是阳精之纯者，食之以御水气。"郑众云："王斋当食玉屑。"孔颖达云："其玉屑研之乃可食，故云当食玉屑也。"是真以玉参馔也。玉不可炊，如何可食？当是参粒为礼，如今人服药耳。《书》曰："惟辟作福，惟辟作威，惟辟玉食。"三者一类也。作福作威，非寻常刑赏之有定别者也。天子时出意见，特有赐予诛治也。则玉食也者，非常馔也。当斋之时，特设此玉，如特作之威福，非常发也。亦如汉武以玉屑和露之类，后世乃欲求服玉之法，殆失本意矣。

---

① 藁（gǎo 搞）：稻、麦等的秆。

《累瓦编》

按古注"玉食，乃珍异之食"，即作福作威，亦不过得专赏罚人耳。程乃谓真以玉参馔，且以作福作威为特作之威福，不已凿乎？

《秕言》

古诗云："白石那可煮。"按《抱朴子》有引石散，以方寸匕投一斗白石子中，以水合煮之，立熟如芋子，可餐以当谷。张太玄举家及弟子数十人隐林虑山①中，以此法食石，十馀年皆肥健。

---

① 林虑山：山名，位于今河南省林州市。原作"林其山"，据《抱朴子·内篇》卷三《杂应》改。

卷二 羹豉类

《秕言》

杜诗云："香闻锦带羹。"《荆湖近事》："荆渚间有花名锦带,春末开花,红白如锦,初生叶柔脆可食。"

《山家清供》

锦带又名文官花,条生如锦,叶始生柔脆可羹。杜甫故有"香闻锦带羹"之句。或谓莼①之紫纡如带。况莼与菰②固生水滨,昔张翰临风必思莼鲈以下气。按《本草》:"莼鲈同羹,可以下气止呕。"以是知张翰在当世,意气抑郁,随事呕逆,故有此思耳,非莼鱼而何?杜甫《卧病》诗,恐同此意也,谓锦带为花,或未必然。

《山家清供》

芹,楚葵也,又名水英:二种。荻芹取根,赤芹取叶与茎,俱可食。二月、三月作英时,采之入汤,取出以苦酒研子,入盐与茴香渍之,可作菹③。惟瀹④而羹之,既清而馨,犹碧涧然,故杜甫有"香芹碧涧羹"之句。

---

① 莼:莼菜,又名绵带。古来列属美食。《晋书·张翰传》载,张翰在洛阳为官,因思念家乡的莼鲈而辞官。下文本此。

② 菰(gū 姑):多年水生草本植物,嫩茎称"茭白",可做蔬菜。果实称"菰米""雕胡米",可煮食。

③ 菹(zū 租):酸菜,腌菜。

④ 瀹(yuè 月):煮。

《山家清供》

杜甫诗云："青青高槐叶，采掇付中厨。新面来近市，汁滓宛相俱。入鼎资过熟，加餐愁欲无。"即此见其法。于夏采槐叶之高秀者，汤少瀹，研细滤清，和面作淘，乃以盐酱熟蒸。簇细苗，以盘行之，取其碧鲜可爱也。末云："君王纳凉晚，此味亦时须。"不惟一食不忘君，且知贵为君王，亦珍此山林之味，旨哉《诗》乎。

宋景文《笔记》

捣辛物作齑①，南方喜之，所谓金齑玉脍者，古说齑曰曰"受辛"，是臼中受辛物捣之。

《罍訴》

《岭表录异》曰："交趾重不乃羹。不乃，摆也。"牛羊脏摆洗作羹，贵嗅其臭。今北方有驴板肠，板或摆之讹。

《刊谬正俗》

王叔师注《楚词·招魂》云："有菜曰羹，无菜曰臛。"按《礼》："羹之有菜者，用梜②；其无菜者，不用梜。"又苹藻二物，即是刑羹之芼③，安在其无菜乎？羹之与臛，烹者以异齐调和不同，非系于菜也。今之膳者，空菜不废为臛，纯肉亦得名羹，取旧名耳。马希声"食鸡臛数

---

① 齑（jī 机）：将姜、蒜、韭菜等捣碎。
② 梜（jiā 家）：筷子。
③ 芼（mào 冒）：可供食用的野菜或水草。

盘"，《集览》引此注。

《说楛》

立春日，春饼生菜为春盘。杜诗"春日春盘细生菜"。坡诗"青蒿黄韭簇春盘""喜见春盘得蓼芽""蓼芽蒿笋荐春盘"。

《高斋诗话》

牧之《和裴杰新樱桃诗》云："忍用烹驿酪，从将玩玉盘。流年如可住，何必九华丹。"唐人已用樱桃荐酪也。《苕溪渔隐》曰："《摭言》载唐新进士尤重樱桃宴，刘覃及第，大会公卿，和以糖酪。"则樱桃荐酪，又可验矣。

《疑耀》

余乡啖荔枝，多以烧酒泛之，即制荔枝酒者，亦以烧酒，盖自唐已然矣。白乐天有诗曰："荔枝新熟鸡冠色，烧酒初开琥珀香。欲摘一枝倾一盏，西楼无客共谁尝。"此一证也。

《韵语阳秋》

蜀中食品，南方不知其名者多矣，而况其味乎？东坡所谓"豆荚圆且小，槐芽细而丰"者，巢菜也；所谓"赠君木鱼三十尾，中有鹅黄子鱼子"者，棕音宗笋①也。是二物者，蜀川甚贵重。东坡在黄州时，去乡已十五年，思巢菜而不可得，会巢元修自蜀来，使归致其子而种之。东坡

---

① 棕笋：棕榈树的花苞，状如鱼卵，又称棕苞花、棕苞米。古称木鱼。苏轼《棕笋诗序》云："棕笋，状如鱼，剖之得鱼子，味如苦笋而甘芳。

之下又作笋酢①浸蜜渍，可致千里外，尝以饷殊长老。则此二物之珍，可知矣。蒟酱，蜀酱也，《蜀都赋》所谓"蒟酱流味"是也，苞芦，蜀鲊②也，老杜所谓"香饭兼苞芦"是也。

《辨物志》

南越食唐蒙以牂牁③蜀枸酱。既云蜀，又云牂牁，何也？枸酱出于蜀，而持市于夜郎，夜郎临牂牁江，故兼曰牂牁。犹之黄连产九溪、永定两卫，而经贩于澧州，《本草》遂载"黄连澧州者为胜"云。

《留青日札》

酱，《说文》"醢④也。醢，肉酱也"。古有豉酱。又菜菹亦谓之酱，《礼记》"芥酱"是也。今之酱则豆酱也，用黄豆和小麦面伴匀发黄，名曰酱黄，又用盐和水成卤而下之，晒熟成酱，以供烹调，其汁曰酱油。又蚕豆亦可造酱，磨碎者曰细酱，亦曰䌷酱。豉，《史记》"盐豉千合"。《楚词》"大苦咸酸辛甘行"，注曰"大苦，豉也。豉，配盐幽菽也"。

《留青日札》

《史记》："盐豉千合。"按《史记·货殖传》作荅，《汉书》

---

① 酢（cù 促）：醋。

② 鲊（zhǎ 眨）：用米粉、面粉等加盐和其他作料拌制的切碎的菜。

③ 牂牁（zāng kē 赃科）：江名。属于珠江水系，接近四川、云南之处。

④ 醢（hǎi 海）：酱。

乃作合耳。豉，配盐幽菽也。菽，豆也。幽，谓造之幽暗也，今人谓遏酱藏之幽室是也。《白虎通》有榆荚酱。《武帝内传》：神药有"连珠酱""玉津金酱""元灵酱"。唐有葫芦酱，宋有红螺酱，广人有蚁子酱。今富家有枸杞酱、玫瑰酱。

《近峰闻略》

杨诚斋简一江西士人，云"配盐幽菽，欲求少许"。士人不解，亟往谢之，请问何物。诚斋检《礼部韵略》，豉字注云"配盐幽菽也"。按《楚辞》曰"大苦咸酸辛甘行"，说者曰"大苦，豉也"。言取豉汁调以咸酸椒姜饴蜜，则辛甘之味皆发而行。然古无豉字，见史游《急就章》《史记·货殖传》，盖汉以来始有也。今江西人患伤寒疾，多以豆豉煮汤饮之，汗出即愈。

《丹铅录》

《说文》解豉字云"配盐幽菽也"。《三苍》解䔖字云"䔖，冥果青色也"。盖豉本豆也，以盐配之，幽闭于瓮盎中所成，故曰幽菽。冥果，蜜煎果也，以铜青浸之，加蜜而冥于缶中，故曰冥果。幽菽、冥果，取名于幽冥，见其与生菽生果异也。解诂之妙有如此，谁谓文章不在换字乎？《说文》解碾①字云"以石研缯"，解熨字云"以火申缯"，皆形容之妙。碾即碾字。

---

① 碾（chàn 颤）：用石具碾压缯帛，使之平展有光泽。

《老学庵笔记》

《北户录》云："广人于山间掘取大蚁卵为酱，名蚁子酱。"按此即《礼》所谓蚳真其反醢。见《内则》郑氏注云："蚳，蚍蜉子也。"三代以前，固以为食矣。然则汉人以蛙祭宗庙，何足怪哉。

《五杂俎》

《礼》有醢酱、卵读为鲲。鲲，鱼子酱、芥酱、豆酱，用之各有所宜，故圣人不得其酱不食。今江南尚有豆酱，北地则但熟面为之而已。又桓谭《新论》有脡酱。脡音膻，生肉酱也。汉武帝有鱼肠酱，南越有蒟酱，晋武帝《与山涛书》"致鱼酱"，枚乘《七发》有芍药之酱，宋孝武诗有匏酱。又《汉武内传》有连珠云酱、玉津金酱，《神仙食经》有十二香酱。今闽中有蛎酱、鲎①酱、蛤蜊酱、虾酱，岭南有蚁酱。则凡聂而切之腌藏者，概谓之酱矣。

《隽言》

《西南夷传》"粤食蒙蜀枸酱"，晋灼曰"枸音矩"。刘德曰："枸树如桑，其椹长二三寸，味酢，取其实以为酱，美，蜀人以为珍味也。"师古曰："刘说非也。子形如桑椹，缘木而生，非树也。子又不长一二寸，味犹辛，不鲜。"

---

① 鲎（hòu 后）：海生节肢动物，肢口纲剑尾目，形似蟹，外被硬质甲壳。

《鼠璞》

西汉《食货志》"猗顿用鹽①盐起"，今按：此文见《史记》《汉书·货殖传》中，曰《食货志》者，谬也。注"鹽，盐池也，于鹽造盐，故曰鹽盐。鹽音古"。予观《采薇》注"王事靡鹽。鹽，不坚固也"，《颉羽》注"鹽，不攻致②"。《周礼》"盐人，共其苦盐"，杜子春读苦为鹽，谓"出鹽直用不练今按：《周礼》郑注本作涑，音练，《史记索隐》乃作练耳治"。以《诗》《礼》观之，则鹽为不攻致及不练治。以《食货志》注观之，则鹽乃盐池。二说似异。顾有孝曰："按《周礼》贾公彦疏云：'苦当为鹽'。鹽，谓出于盐池，今之颗盐是也。又云'杜子春读苦为鹽'者，鹽咸非苦，故破苦为鹽，见今海旁出盐之处谓之鹽。云'直用不涑治'者，对下经鬻鹽是涑治者也。"与《汉书》师古注原属同解，今云二说似异者，谬也。鬻音煮。然海盐练治后成，其为盐难坏；池鹽出水即成，其为盐易坏。其理一也。

《秕言》

五代晋天福二年，于阗国献红盐。范景仁《东斋记》："江南有红盐。橄榄树高数丈，以红盐涂树，子自落，故诗云纷纷青子落红盐。"《广志》："山丹卫北五百里，有红盐池，产红盐。"

---

① 鹽（gǔ 古）：没有经过熬制的盐。
② 攻致：坚固紧密。

《桐薪》

《北户录》载："恩州有盐场出红盐，色如绛，验之即繇①煎时染成，差可爱也。"郑公虔云："张掖池中出桃花盐，色如桃花，随月盈缩。今宁夏近凉州地盐井所出亦谓之红盐。道家名绛盐。"案，盐有五色，安息国中出五色盐，赤其一也。《南史》载"魏主遣送九种盐，五种能疗病，四种不中食"，则赤盐在内。乃知胡中但重水晶，而不重桃花，无怪其不知用矣。又《凉州异物志》有戎盐，赞云"盐山二岳，两色为质。赤者如丹，黑者如漆。小大从意，镂之为物。作兽辟恶，佩之为吉"。则《左传》"刻盐形虎"之说，信有自欤。盐字象器中煎卤之形，其煮盐器汉人呼之为牢盆。

《纬略》

李白诗："客到但知留一醉，盘中祇②有水晶盐。"《金楼子》曰："胡中有盐，莹澈如水精，谓之玉华盐。"

《珍玩考》

盐，《说文》"咸也"。王彝诏云："盐，食肴之将。黄帝臣夙沙初作煮海盐。古者不炼治之盐曰苦盐，祭祀用之。炼治者曰散盐。"盖盐策之利兴于管子，盐铁之制备于孔仅。盐政四：一曰散盐，煮海成之。二曰盬盐，引池

---

① 繇：通"由"。由于。《汉书·魏相传》"政繇冢宰"，颜师古云"繇，与由同"。

② 祇：古同"祇"。仅仅。

化之。三曰形盐，掘地出之。四曰饴盐，于戎取之。今淮浙最盛，海滨地曰盐场，籍曰灶户，民曰卤丁，煮盘或铁或竹，有沙泥烧盐，有草灰烧盐，所产甚广。河东有盐池。苏恭云："解人取盐，于池旁耕地，沃以池水，每盐南风急，则宿昔成盐满畦，彼人谓之种盐。"川贵有盐井。沙漠有盐泽。女直麻布盐，生木枝上。亦有盐海。阶州出一种石盐，生山石中，不由煎炼，自然成盐，色甚明莹，彼人甚贵之，云即光明盐也。真腊山间有石，味胜于盐，可琢成器，忽鲁谟斯山连五色，皆是盐也，凿之镞音贱为盘碟碗器之类，食物就用而不加盐矣。岑楼慎氏曰："《两山墨谈》所载非异。而异，盖不博也。"

　　浙中皆白盐，张融《海赋》"漉沙构白，熬波出素"是也。福州有红盐，郭璞《盐赋》"烂然若盐"是也。朐䏰①音蠢县盐井，盐方寸，中央隆起，曰伞子盐，见《酉阳杂俎》。又陆盐，昆吾周十里馀无水，自生末盐，月满如积雪，味甘，月亏则如薄霜，味苦，月尽全无。岑楼慎氏曰："《太平广记》杰公所论'南烧羊，北烧羊'之盐，疑即此也。"白盐、厓盐如水晶，名水晶盐，又名君王盐，今环庆盐池所产，块然，如投子②莹然，精白明洁，李太白诗"盘中惟有水晶盐"是也。车师盐，白者如玉，赤者如朱。高昌赤盐。广东皆黑盐，《汉书》"天竺国黑盐"是也。又有黄盐、紫盐，即戎盐也。后汉曰别御盐者，紫色盐也。甘肃

---

　　① 朐䏰（qúrùn 渠润）：古代县名，今重庆市云阳县、开县、万州、梁平县等地。

　　② 投子：骰子的别称。

一路有青盐池、黄盐池、红盐池。贵州镇远民以蕨灰为盐，时俗味苦者曰苦盐，甜者曰饴盐。东方曰斥，西方曰卤，河东曰盐，河内曰咸，亦曰鹾①。今江干近海人称沙卤之地，当曰沙斥。斥，东方咸地；卤，西方盐地。《史记》："东方食盐斥，西方食盐卤。"故《说文》曰："东方谓之斥，西方谓之卤。"又天生曰卤，人生曰盐。《释名》："地不生物曰卤。"故沙卤谓之确薄之地，今亦通称斥卤也。又按盐麸子曰"叛奴盐"，蜀人曰"酸桶"，吴人曰"乌盐"。其实采熟为穗，著粒如小豆，其上有盐如雪，可以调羹。戎人亦用此，谓之"木盐"，故有"叛奴盐"之名。见《通志·草木略》。

《演繁露》

《唐会要·祥瑞门》："武德七年，长安古城盐渠水生盐，色红白而味甘，状如方印。"按今盐已成卤水者，暴烈日中，数日即成方印，洁白可爱。初小渐大，或十数印，累累相连，则知广瑞所传，非为虚也。

《辨物志》

《食货考》："有末盐、颗盐之异。"何居曰："末盐，人力之所致，取海水井水，用煎熬之法烹炼而成，故其盐常细碎为末。颗盐，出于解池，大抵如耕种法，三月一日垦畦，四月始种，决水灌之，俟南风起，此盐遂熟，风一夜起，水一夜结成盐，故盐多块实而为颗。"

《辨物志》

《本草经》云："大盐名戎盐，主明目去病。"《通考》

---

① 鹾（cuó痤）：咸味。

曰："戎盐，并不中食。"若是，则后魏太宗赐崔浩水精戎盐一两，又何物耶？考胡中有盐，莹彻如水晶，名玉华盐，以供王厨。意太宗赐浩者即王厨之馀。而《本草》谓明目去病者，或胡盐耶？魏太武征彭城，遣送九种盐，内胡盐实治目病。胡、戎同义，则戎盐为胡盐无疑。

《真珠船》

李白诗："客到但知留一醉，盘中秖有水晶盐。"按：梁天监中，天竺王屈多献方物，云其国恒水甘美，下有真盐，色正白如水晶。《金楼子》云："胡中有盐，莹如水晶，谓之玉华盐。"《酉阳杂俎》云："白盐崖有盐如水晶，名为君王盐。"段公路《北户录》云："盐有如水精状者。"《一统志》："撒马儿罕土产水晶盐，坚明如水晶，琢为盘，以水湿之，可和肉食。"然则只以此味按酒，亦自不俭。

《譬訏》

唐以前言糖乃是糟耳，故字从食，或从米。所谓唐人喜甜酒，正不远于糖也。蔗霜，宋始大著。

《学斋占毕》

《老学庵笔记》其中一条云："闻人茂德，博学士也，言沙糖中国本无，唐太宗时外国贡至。问其使人，此何物？云以甘蔗汁煎。用其法煎成，与外国者等。自此中国方有沙糖。凡唐以前书传及糖者，皆糟耳，是未之深考也。"按宋玉《大招》已有柘浆①字。前汉《郊祀歌》"柘浆析朝酲"，注谓"取甘蔗汁以为饴也"。又孙亮取交州所献甘蔗饧②。而二《礼》注饴字，俱云煎米蘖也，一名饧。则是煎蔗为糖，已见于汉时甚明。而《说文》及《集韵》并以糖为蔗饴。曰饴曰饧，皆是坚凝可含之物，非糟之谓。其曰糟字，止训酒粕，不以训糖。

《容斋随笔》

糖霜之名，唐以前无所见。自古食蔗者，始为蔗浆，宋玉《招魂》所谓"胹③鳖炮羔有柘浆"是也。其后为蔗饧，孙亮使黄门就中藏吏，取交州，献甘蔗饧是也。后又为石蜜，《南中八郡志》云"笮④甘蔗汁曝成饴，谓之石蜜"，《本草》亦云"炼糖和乳为石蜜"是也。后又为蔗酒，唐赤土国用甘蔗作酒，杂以紫瓜根是也。唐太宗遣使至摩揭陀国，取熬糖法，即诏扬州上诸蔗，榨沩⑤如其剂，色味愈于西域远甚。然只是今之沙糖，蔗之技尽于此。不言作霜，然则糖霜非古也。历世诗人模奇写异，亦无一章一句言之。唯东坡公《过金山寺作诗送遂宁僧圆⑥宝》云："涪江与中泠，共此一味水。冰盘荐琥珀，何似糖霜美。"

---

① 柘浆：甘蔗汁。柘，通"蔗"。《楚辞·招魂》："有柘浆些。"王夫之云："柘，与蔗通。"

② 饧（xíng 行）：糖稀。

③ 胹（ér 儿）：煮。

④ 笮（zé 则）：压榨。《后汉书·耿恭传》："吏士渴乏，笮马粪汁而饮之。"

⑤ 沩：古同"潘"，汁。

⑥ 圆：原作"图"，据《糖霜谱》及《容斋五笔》卷六引改。

黄鲁直在戎州，作《颂答梓州雍熙光①长老寄糖霜》云：“远寄蔗霜知有味，胜于崔子水晶盐。正宗扫地从谁说，我舌犹能及鼻尖。”则遂宁糖霜见于文字者，实始二公。甘蔗，所在皆植，独福唐、四明、番禺、广汉、遂宁有糖冰，而遂宁为冠，四郡所产甚微而颗碎，色浅味薄，才比遂之最下者，亦皆起于近世。唐大历中，有邹和尚者，始来小溪之繖山，教民黄氏以造糖霜之法。繖山在县北二十里，山前后为蔗田者十之四，糖霜户十之三。蔗有四色：曰杜蔗；曰西蔗；曰芳②音勒蔗，《本草》所谓"荻蔗"也；曰红蔗，《本草》"昆仑蔗"也。红蔗止堪生啖；芳蔗可作沙糖；西蔗可作霜，色浅，土人不甚贵；杜蔗紫嫩，味极厚，专用作霜。凡蔗最困地力，今年为蔗田者，明年改种五谷以息之。霜户器用曰蔗削，曰蔗镰，曰蔗凳，曰蔗碾，曰榨斗，曰榨床，曰漆瓮，各有制度。凡霜，一瓮中品色亦自不同，堆叠如假山者为上，团枝次之，瓮鉴次之，小颗块次之，沙脚为下。紫为上，深琥珀次之，浅黄又次之，浅白为下。宣和初，王黼创应奉司，遂宁常贡外，岁别进数千斤。是时所产益奇，墙壁或方寸，应奉司罢，乃不再见。当时因之大扰败本业者，居半久而未复。遂宁王灼作《糖霜谱》七篇，且载其说，予采取之，以广闻见。

---

① 光：原脱，据《糖霜谱》补。
② 芳（lè 乐）：原作"芳"，据《糖霜谱》及下文改。

《能改斋漫录》

近世造糖之精者，谓之狮子乳糖，亦有所本耳。按《后汉·显宗纪》注云："以糖作狻猊①形，号猊糖。"

《演繁露》

《太平御览·异物志》曰："交趾甘滋大者数寸，煎之凝如冰，破如博棋，谓之石蜜。"《凉州异物志》曰："石蜜之滋，甜于浮萍，非石之类，假石之名，实出甘柘，变而凝轻。"注云："甘柘似竹，煮而曝之，则凝如石而甚轻。"又魏文帝诏曰："南方龙眼荔枝，宁比西国蒲萄石蜜。"合此数说观之，既曰柘浆所凝，其状如冰，而名又为石，则今之糖霜是矣。又有崖蜜者，蜂之酿蜜，即峻崖悬置其窠，使人不可攀取也。而人之用智者，伺其窠蜜成熟，用长竿系木桶②，度可相及，则以竿刺窠，窠破蜜注桶中，是名崖蜜也。

《宛委馀编》

石蜜非蜜也。《本草》云："石饴也，生武都，此品今不见。今所谓石蜜者，糖精也。"案《唐书》："番胡国出石蜜，中国贵之。上得其法，令扬州煎诸蔗之汁造焉，色味逾于西域。"

《异物志》云："交趾之单滋大者数寸，煎之凝如冰，

---

① 狻猊（suānní 酸尼）：狮子。《穆天子传》："狻猊曰野马走五百里。"郭璞注："狻猊，狮子，亦食虎豹。"

② 桶：原作"桷"，据《演繁露》卷二改。

卷二　羹豉类

三一

破如博棋。"《凉州异物志》曰："石蜜之滋，甜于浮萍，非石之类，假石之名，实出甘柘，变而逾轻。"注："煮而暴之，则凝如石而甚轻，可考见矣。"

《名义考》

杜诗"崖蜜亦易求"，注以为樱桃。《南中八郡志》："榨甘蔗汁，曝成饮，谓之石蜜。"《诗》注："枳枸树，高大似白杨，有子著枝端，如指长数寸，啖之甘美如饴，八月熟，亦名木蜜。"《孔氏六帖》："蜀中有竹蜜，蜂好于野竹上结窠，窠与蜜并绀色，甘倍于常蜜。"《一统志》："安南有波罗蜜，大如冬瓜，皮有软刺，五六月熟，味最甜香，食能饱人。"

《说略》

油通四方，可食与燃者，惟胡麻为上，俗呼脂麻。言其性有八拗，谓雨旸①时薄收，大旱方大熟；开花向下，结子向上；炒焦压榨，方得生油；膏车则滑，钻针乃涩也。而河东食大麻油，气臭，与苲子皆堪作雨衣。陕西又食杏仁、红蓝花子、蔓青子油，亦以作灯。祖斑以蔓青子薰目，致失明。今不闻为患。山东亦以苍耳子作油，此当治风有益。江、湖少胡麻，多以桐油为灯。但烟浓污物，画象之类尤畏之。沾衣不可洗，以冬瓜涤之乃可去。色青而味甘，误食之令人吐利，饮酒或茶，皆能荡涤，盖南方酒中多用灰尔。尝有妇人误以膏发，黏滞，百治不能解，

---

① 雨旸（yáng 阳）：雨天和晴天。此指正常气候。

竟髡①去之。又有旁毗子油，其根即乌药，村落人家以作膏火，其烟尤臭。乌桕子如脂，可灌烛。广南皆用处，婺州亦有。颍州亦食鱼油，颇腥气。宣和中，京西大歉，人相食，炼脑为油以食，贩于西方，莫能辨也。

《留青日札》

醋，酽也。本作酢。《礼记》"浆"，注"酢截也"；"酪"，注"亦酢截也"。今用米或粞②造，如造酒法，而抐成酸香味也。上者色红，名珠儿滴醋，次者色黄，下者色白。有腊醋，有桃花醋，即唐人之桃花醋，有六月六醋，有白酒醋。小民亦不多造。谚云："若要富，卖酒醋。"盖二物甚有利也。

① 髡（kūn 昆）：剃发。
② 粞（xī 西）：碎米。

卷三　粉餻①类

《丹铅录》

《左传》"粢食不凿"，字当作鑿②，精细米也。《诗·召旻》"彼疏斯粺"，郑玄曰："疏，粗粝米。米之率，粝十，粺九，凿八，侍御七。"又《九章算法》云："粟五十，为粝三十，粺二十七，凿二十四，御二十一，皆三之一也。或曰粟一石，为粝米六斗，舂一斗，为粺九升，又云为凿则八升，米之细者，乃穷于御，通于鑿。"杨桓《六书统》曰："凿米五升，舂为四升，曰毇③虎委切，为五减而四也，古篆作⊗，象四⊙以见意，小篆作𥸨。毇米减而三曰晶，古篆作⊗，象三⊙以见意。粝而鑿，鑿而谷，谷而晶，细之极也。"魏校《六书精蕴》曰："精、粹，字皆从米。精者何也？米之脱粟也，色微黄赤，人皆知其粗也；糠去而白，谷矣；未也，鑿矣；未也，舂而近心矣，色微若青，此生意所函也。粹者何也？始而砮米壳也，中而舂米去膜也，卒而𥽘音展，多工也米去黳也，乃后莹然玉粒，万粒与一粒同，虽欲去之，不可得而去矣。"学问之极功犹是。《易》曰"纯粹精也"，其是之谓。夫慎按《说文》一斛粟舂为九斗，张晏曰七斗，《九章算术》曰六斗，古者斛受十斗，一石粟无九斗之理，当以《九章算

---

① 粉餻（xǐ 西）：谓谷食之类。
② 鑿（zuò 做）：通"凿"。舂。
③ 毇（huǐ 悔）：舂或碾米使精。

术》为是。又按《纬书》引孔子之言曰："七变入，臼米出甲。"谓硙①音位之为粝米也，舂之则粺米也，师当作晰，音伐，舂米也之则糳米也，𥣬音普各切，齐谓舂为𥣬之则毇米也，又𥼫②择之、𥺌𥺬③音荡莝之则为𥣨米，即《九章》所谓侍御，米之细者穷于御，言其可御于君也。以字言之，则㝵④字从臼从米，即古文毇字。后人加殳，复且赘矣。舂入臼，即古文臿字。㝵，士角切，音与𡱁同，插简于地也。舂粟以杵，亦象插简于地之形，故《说文》云"臿字从毇省"。则臿加米已赘，又加殳于旁，益赘矣。皇象章草止用臿，而汉碑隶字变作𥹥，可证之。古字之始，因附著之。

《丹铅录》

儒书以精凿喻学。精、凿皆言米也。谷一石得米六斗为粝，一石五斗为毇，得四斗为凿，得三斗为精。精之为字，从米为义，从青为声，古文作晶，象三米之形，尤见意义。佛书以醍醐之教喻于佛性，从乳出酪，从酪出酥，从生酥出熟酥，从熟酥出醍醐也。按凿字宜作糳。

《留青日札》

郑玄云："米之率，粝十粺九凿八。"《汉书》曰："粝粱之食。"粺，毇也。精，米也。粟一石，舂米一斗四

---

① 硙（wèi 味）：用磨子把谷物等碾碎。
② 𥼫（dào 到）：选择谷物。
③ 𥺌𥺬（dàngcuó 荡痤）：舂。
④ 㝵（jiù 就）：舂。

升。凿，鲜明貌，《左传》"粢食不凿"是也，即所谓粲。

《余氏辨林》

"食不厌精"，注"精，凿也"。《左传》："粢食不凿。"按《说文》云："粝米一斛，舂为九斗曰凿。"一斛者一石也，择一石而为九斗者，精米也。凿当作繫。及《丹铅录》云："一石得米四斗为繫，三斗为精。"则精、繫又自有别。

《丹铅录》

《孟子》"飦①粥之食"，又作饘。《说文》："糜也，周谓之饘，宋谓之糊。"《檀弓注》："厚谓之饘，稀谓之粥也。"鬻②，见《说文》徐邈云"今饘字，又作健"，《左传》"健于是，鬻于是"。又作餰③，《荀子》"酒醴餰鬻"。又作餐，《礼记》"取稻米为酏④"，注"酏，当读为餐，古文作饕"。《集韵》又作屑、糚、饘。酏，原音夷。

《初学记》

《广雅》曰："粥，糜饘也。"《释名》曰："糜，煮米使糜烂也。粥濯于糜，粥粥然也。"《周书》曰："黄帝始烹谷为粥。"《风土记》曰："天正日南，黄钟践长，是日始牙动，为饘粥以养幼。俗尚以赤豆为糜，所以象色也。"《天文要集》曰："玉井主粥厨。"《广志》曰："辽东赤

---

① 飦（zhān 沾）：古同"饘"，稠粥。
② 鬻（zhōu 周）：粥的本字。
③ 餰（jiān 坚）：粥。
④ 酏（yí 移）：酿酒所用的清粥。

粱，魏武帝以为御粥。"《说文》曰："周谓之饘，宋卫谓之餰。"扬雄《方言》："陈楚之内，相谒食麦，谓之餥①。"《邺中记》曰："并州之俗，以冬至日后百日为介子推断火，冷食三日，作干粥，中国以为寒食。"《凉州异物志》曰："高昌僻土，有异于华，寒服冷水，暑啜罗阇②。"郡人呼粥。

《初学记》

按叙《春秋运斗枢》曰："粟五变，以阳化生而为苗，秀为禾，三变而粲，谓之粟，四变入臼米出甲，五变而蒸饭可食。"《周书》曰："黄帝始蒸谷为饭。"《周礼》③曰："膳夫掌王之食饮。食，饭也。饮，酒浆也。食用六谷，稌④、黍、稷、粱、麦、苽。苽，彫胡。黍、稷、稻粱、黄粱、稰⑤、穛⑥。"稰音醑，熟获也。穛音阻聊反，生获也。《吕氏春秋》曰："饭之美者，玄山之禾，不周之粟，阳山之穄⑦，南海之秬⑧。"阚泽《九章》曰："粟饭五十，粝饭七十，稗饭五十，糳饭四十八，御饭四十二。"

---

① 餥（fēi 非）：古代中国陈、楚一带人们相见后请吃麦饭。

② 罗阇（dū 督）：糜粥。

③ 周礼：原作"礼记"，据《初学记》卷二十六改。此下所引二句见于《周礼》卷四《膳夫》。

④ 稌（tú 图）：稻子。

⑤ 稰（xǔ 许）：晚稻。

⑥ 穛（zhuō 桌）：早收的谷。

⑦ 穄（jì 计）：不黏的黍米，又称糜子。《穆天子传》："穄麦百载。"注："穄，似麦而不黏。"

⑧ 秬（jù 巨）：黑黍。古人视为佳谷。

《史记考要》

《项羽记》："今岁饥民贫，士卒食芋菽。"芋菽，《汉书》作半菽。臣瓒曰："食蔬菜，以菽杂半之。"刘孝标《广绝交论》曰："莫肯费其半菽。"苏轼诗曰："愿君五袴①手，招此半菽魂。"

《山家清供》

青精饭者，以比重谷也。按《本草》："南烛木，今黑饭草，即青精也。采枝叶捣汁浸米，蒸饭曝干，坚而碧也，久服益颜。"《延算仙方》又有"青石饭"，世未知石为何也。按《本草》："用青石脂三斤，青粱米一斗，水浸越三日，捣为丸，如李大，日服三丸，可不饥。"是知石脂也，二法皆有据。杜诗曰："岂无青精饭，令我颜色好。"

《丹铅录》

杜诗："岂无青精饭，令我颜色好。"青精一名南天烛，又曰墨饭草，以其可染黑饭也。道家谓之青精饭。故《仙经》② 云："服草木之王③，气与神通；食青烛之精，

---

① 五袴：又作"五绔""五裤"等。典出《后汉书·郭杜孔张廉王苏羊贾陆列传》："廉范字叔度……建初中，迁蜀郡太守……每厉以淳厚，不受偷薄之说。成都民物丰盛，邑宇逼侧，旧制禁民夜作，以防火灾，而更相隐蔽，烧者日属。范乃毁削先令，但严使储水而已。百姓为便，乃歌之曰：'廉叔度，来何暮？不禁火，民安作。平生无襦今五袴。'"后用作称颂地方官实施善政。

② 仙经：指《上元宝经》，道家著作。

③ 王：原作"正"，据《通志》卷七十六改。

命不复陨。"谓此也。

《艺林伐山》

贾逵曰："粱米出于蜀汉，香美逾于诸粱，号曰竹根黄。粱州之名因此。"

《山家清供》

凋菰叶似芦，其米黑，杜甫故有"波漂菰米沉云黑"之句，今胡穄是也。暴干舂洗，造饭既香而滑。杜甫又云："滑忆凋菰饭。"穄音察。

《尚书故实》

《晋书》中有饮食名"寒具"者，亦无注解处。后于《齐民要术》并《食经》中检得，是今所谓环饼。桓玄尝盛具法书名画请客，有食寒具，不濯手而执书画，因有涴①，玄不怿，自是会客不设寒具。

《五总志》

干宝《周礼注》《司徒仪》曰②"祭用鳞鳞③"。晋制呼为撮撮字疑是环字饼，又曰寒具，今曰馓子。桓玄蓄法书名画，一日方食寒具，有客不复拭手，辄多染污。坡题古画云："上有桓玄寒具油。"鳞音连，鳞音楼。

《山家清供》

晋桓玄不设寒具，此必用油蜜煎者。《要术》并《食

---

① 涴（wò 握）：污脏。如油、泥等粘在衣服或器物上。
② 曰：原作"日"，据《五总志》改。
③ 鳞鳞（liánlǒu 连搂）：馓子。

经》皆只曰"环饼",世疑馓子也,巧夕馂蜜食也。杜甫《十月一日》乃有"粔籹作人情"之句①。《广记》则载:"寒食事,总三者,俱可疑。"乃考朱氏注《楚辞》"粔籹蜜饵,有餦餭些",谓"以米面煎熬作之寒具"是也。以是知《楚辞》一句,自是三品粔籹,乃蜜面之干也,十月间炉饼也。蜜饵,乃蜜面少润者,乃蜜食也。餦餭乃寒食寒具无可疑者。闽人会姻名煎餔,以糯粉和面油煎,沃以糖,食之不濯手则能污物,且可留月馀,宜禁烟用也。和靖先生《山中寒食诗》云:"方塘波绿杜蘅青,布谷提壶似足听。有客初尝寒具罢,据梧痛饮散幽经。"信乎此为寒食具矣。粔籹音巨汝。餦餭音张皇。

《丹铅录》

桓玄不设寒具。《齐民要术》并《食经》皆云"环饼",世疑馓子也。刘禹锡《寒具诗》:"纤手搓来玉数寻,碧油轻蘸嫩黄深。夜来春睡浓于酒,压扁佳人缠臂金。"盖以寒具为馓子也。宋人小说以寒具为寒食之具,糯粉和面油煎,沃以糖,食之不濯手则能污物,可留月馀,宜禁烟用也。则寒具又非馓子,存以俟博古者。

《五杂俎》

刘禹锡《寒具诗》云云,则为今之馓子明矣。宋人因林和靖诗有寒具,遂解以为寒食之具,安知和靖是日不尝馓子耶?《说略》:"禹锡盖以捻头②为寒具。"

---

① 杜甫……之句:杜诗此句实出自《戏作俳谐体遣闷二首》之二。
② 捻头:亦称"捻具",馓子。

《丹铅录》

《楚词》："粔籹蜜饵，有餦餭。"王逸注："餦餭，饧也，以蜜和米面熬煎作粔籹，捣黍作饵，又有美饧，众味甘具也。"朱子注云："以米面煎熬，作之寒具也。"可山林洪①曰："《楚辞》此句，自是三品粔籹，乃蜜面之干者，十月间炉饼也。蜜饵，乃蜜面少润者，七夕蜜食也。餦餭，乃寒食寒具也。"

《丹铅录》

《玉烛宝典》云："洛阳人家，正旦造丝鸡、蜡燕、粉荔枝。"故宋人贺正启有"瑞霙②饯腊，粉荔迎年"之句。

《丹铅录》

《楚辞》"精琼靡以为粮"，注"靡，屑也，今之米糊羹"。

玉③饵，出梁元帝《杂纂》，今之饵块也。

《丹铅录》

《艺文类聚》束皙《饼赋》有"牢九"之目，盖食具名也。东坡诗以"牢九具"对"真一酒"诚工矣，然不知为何物。后见《酉阳杂俎》引《伊尹书》有"笼上牢丸""汤中牢丸"。九字，诗人贪奇趁韵，而不知其误，虽东坡

---

① 林洪：字龙发，号可山，南宋晋江安仁（今福建泉州）人。著有《山家清供》《山家清事》等。原作"林供洪"，据《丹铅总录》卷十六改。

② 霙（yīng 英）：雪花。

③ 玉：原作"王"，据《说郛》卷四十四下改。

亦不能免也。牢丸，今汤饼也。

《丹铅录》

《周礼》"糵"芳弓""芳勇""郎第"三音蕡"，见《周礼·笾人》《仪礼·有司彻》。《仪礼》注作"逢蕡"。今按：《周礼》注云"蕡，枲实也。熬麦曰糵、麻曰蕡"，疏云"蕡是麻之子实也"。《仪礼》注云"糵，熬麦也。蕡，熬枲实也"，疏云"案《丧服传》云'苴者，麻之有蕡者也'"。牡麻者，枲麻也。若然，枲麻无实。郑云"蕡，枲实"者，举其类耳。其实枲是雄麻，无实。逢蕡之文，注、疏俱未之有也。按：郑康成云"河间以北煮种麦卖之，名曰逢"，用修或引此而误作《仪礼》注耳。"熬麦曰糵，熬麻蕡。"糵，今之麦芽糖。蕡，今之麻糖也。

《名义考》

《周礼》："羞笾之实，有糗尺救切饵粉餈。"《内则》注"捣熬谷以为糗。饵与餈同"。又"糗，捣粉熬大豆为之"。又曰"合蒸曰饵，粉之曰餈"。又曰"粉稻米，饼之曰餈"。又曰"粉米蒸屑皆饵也"。训皆未辨。按《说文》："糗，熬米麦也。"徐曰："㷅干米麦也。"一曰齹糗也。《说文》："饵，先屑米为粉，然后溲之为饼也。粉，以豆为粉，糁餈上也。餈，炊米烂，乃捣之，不为粉也。"诸家之说，莫精于《说文》。㷅、齹俱音炒，义同溲音薮。

《留青日札》

今市肆标曰"重罗白面"，晋束晢①赋曰"重罗之面，

---

① 晋束晢：原作"汉束晢"，据《晋书》卷五十一改。

尘飞雪白"，又名玉尘。橘中叟曰："君输我瀛洲玉尘九斛。"

《丹铅录》

女麹①，小麹也。蚩糖，窠丝糖也。石蜜，糖霜也。自然谷，禹馀粮也。俱见《齐民要术》。

《余氏辨林》

《鼎卦》爻辞："覆公餗②。"餗，不解其何物。考房审权注云："餗者，鼎实之糁食，庖珍之蒸蔬也。"

《野客丛书》

沈存中《笔谈》曰："唐士人专以小诗著名，而读书灭裂。如乐天《题坐隅诗》'俱化为饿殍'，作夫字押。杜牧之《杜秋娘诗》'厌饫③不能饴'，饴乃饧，非饮食也。"仆观晋王荟以私粟作粥饴饥者，郗鉴甚穷乡人共饴之，饴字岂不作饮食用？然考晋音，乃音嗣，非贻字也。仆谓牧之用作贻字，必别有所据。又观《后汉·许杨传》举谣歌曰"饴我大豆享芋魁"，饴字无音，乃知牧之用字有所祖也。饿殍之殍，作夫字用。按《唐韵》"敷"字韵收抚俱切，又平表切，皆言饿死也。是则殍字有二音，乐天所押，盖从《唐韵》之平声者。二字皆有所据，存中自不深考，安可以读书灭裂非之？扬雄《箴》曰："野有饿殍。"

---

① 麹（qū 区）：将米或麦蒸后使之发酵再晒干。可用于酿酒，即酒曲。
② 餗（sù 素）：鼎中的食物。
③ 厌饫（yù 欲）：吃饱。厌，同"餍"。

《嬾真子》

唐人欲作寒食诗，欲押饧字，以无出处，遂不用，殊不知出于六经及楚词也。《周礼》"小师掌教箫"，注云"箫，编小竹管。如今卖饧饧所吹者"。《招魂》曰"粔巨籹蜜饵，有餦餭些"，注云"餦餭，饧也"。但战国时谓之餦餭，至后汉时亦谓之饧耳。

《野客丛书》

刘禹锡尝曰："凡诗用僻字，须有来处。宋考功诗云'马上逢寒食，春来不见饧。'疑此字僻，因读《毛诗·有瞽》注，乃知六经中惟此饧字。"仆观扬雄《方言》有此一字。又观《樊儵传》"三岁献甘醪膏饧"，知汉人尝有此语。又考《周礼》"小师掌教箫"注，亦有饧字。禹锡所言，是未深考。因观唐人诗集，有曰："马上逢寒食，途中属暮春。可怜江浦望，不见洛桥人。"此宋考功途中寒食诗也。有曰："岭表逢寒食，春来不见饧。洛中新甲子，何日是清明。"此沈佺期诗也。禹锡举考功"马上逢寒食"之句，而缀以佺期"春来不见饧"之句，是又误以二诗为一诗也。

《演繁露》

饧徐盈反、饴与之反一也。《楚辞》曰："粔籹蜜饵，有餦音张餭音皇。"案饧饴、餦餭，皆一物也，而小有异。《说文》曰"饴，米糵煎也"；"饧，和饊也"。《释名》曰："饧，饼也。煮米消烂，洋洋然也。饴，小弱于饧，形怡怡然也。"《方言》曰"饧谓之张皇"，注云"即干饴也。饧谓之餘^①，饧谓之餹。凡饧谓之饧，自关而东通语也，今人名为白糖者是也，以其杂米糵为之也。"饧即饧之融液而可以入之食饮中者也，后汉明德马后谓"含饧弄孙"者是也。唐世所食饧粥，是其类也。张衡《七辨》曰"沙饧石蜜，远国贡储"，即今沙糖也。唐玄奘《西域记》以西域石蜜来，询知其法用蔗汁蒸造，太宗令人制之，味色皆逾其初，即中国有沙糖之始耶？然《唐史》已载"糖蟹"，曰"蟹之将糖，躁扰弥甚"，岂其以白糖淹之耶？按古乐府有"酒无沙糖味"句，"沙糖"二字不始于唐也。

《野客丛书》

宋景文公曰："梦得尝作《九日》诗，欲用糕字，思六经中无此字，遂止。"故景文《九日》诗曰："刘郎不敢题糕字，虚负诗中一世豪。"仆读《周礼》^②"羞笾之实，糗饵粉餈"，郑笺"今之餈糕"。今按：此贾公彦疏，非郑注也。安谓六经中无此字邪？又观扬雄《方言》，亦有此字。《苕溪渔隐》谓"古人《九日》诗未有用糕字，惟崔德符《和吕居仁》一诗有'买糕沽酒'之语"。岂古人诗未用耶？

《鹤林玉露》

刘禹锡欲用糕字，以其不经见。然白乐天诗云"移坐就菊丛，糕酒前罗列"，则固已用之矣。刘白倡和之时，

---

① 餘：原作"该"，据《方言》卷十三改。《广韵》："餘，饧也。"

② 周礼：原作"周礼疏"，而此下所引两句出自《周礼·天官·冢宰》，并非疏文，故改。

不知曾谈及此否？

《野客丛书》

黄糜，《隐居诗话》曰："杜牧之诗，有趁韵而撰造非事实者，如'珊瑚破高齐，作婢春黄糜'是也。李询得珊瑚，其母令衣青衣而春，无糜字。"仆谓既言衣青衣而春，添一字何害。但糜自是粥，作米粱字用，恐有所未安耳。春黄糜之语，牧盖祖《后汉志》"慊慊春黄粱"之意，不知糜岂可以言粱耶？

《游宦纪闻》

云林先生黄长睿云："馒头当用糯字，见束晳《饼赋》。兴元关表诸郡①，食肆所货姜豉，用僵字最为有理。"

《老学庵笔记》

杨朴处士诗云："数个胡皱彻骨干，一壶村酒胶_{去声}牙酸。"《南楚新闻》亦云："一碟毡根数十皱，盘中犹自有红鳞。"不知皱何物，疑是饼饵之属。

《墨庄漫录》

东坡为翰苑，元祐三年，供端午帖子②有云："上林珍木暗池台，蜀产吴苞万里来。不独盘中见卢橘，时于粽里得杨梅。"每疑"粽里杨梅"之句。《玉台新咏》："徐君蒨《共内人夜坐守岁》诗：酒中喜桃子，粽里觅杨梅。"

---

① 郡：原作"群"，据《游宦纪闻》卷八改。

② 帖子：指帖子词。宋代八节内宴时，翰林学士献给宫中的词，贴于阁中门壁上，故称。帖，原作"贴"，据文义改。

今人未见以杨梅为粽。徐公乃守岁诗，杨梅夏熟，岁暮安有此果，岂昔人以干实为之耶？东坡以角黍为午日之馔，故借言之耳。

《归田录》

京师食店卖酸𩛩①者，皆大书牌榜于通衢，而俚俗昧于字法，转酸从食，𩛩从皀。有滑稽子谓人曰："彼家所卖馂馅音俊陷，不知为何物也。"饮食四方异宜，而名号亦随时俗言语不同，或传者失其本。汤饼，唐人谓之不托，今俗谓之馎饦②矣。晋束皙《饼赋》有馒头、薄持、起溲、牢九之号，惟馒头至今名存，而起溲、牢九，皆莫晓为何物。薄持，荀氏又谓之薄夜，亦莫知何物也。

《倦游杂录》

今人呼煮面为汤饼，唐人呼馒头为笼饼。岂非水瀹而食者皆可呼汤饼，笼蒸而食者皆可呼笼饼？市井有粥胡饼者，不晓名之所谓，得非熟于炉而食者？呼为炉饼宜矣。

《资暇录》

毕罗者，蕃中毕氏、罗氏好食此味，今字从食，非也。馄饨，以其象浑沌之形，不正书"混沌"，从食可矣。至如不托，言旧未有刀机之时，皆掌托烹之，刀机既有，乃云不托。今俗字有馎饦，乖之且甚。此类颇多，推理证排可也。元和中有奸僧鉴虚，以羊之大府特造一味，传之于今，时

---

① 𩛩（jiǎn 减）：卤水。
② 馎饦（bótuō 博托）：古代的一种面食。

卷三　粉馎类

四七

人不得其名，遂以其号目之，曰鉴虚。今往往俗字又加食旁，率多此类也。

《丹铅录》

朱文公《刈麦诗》："霞觞幸自夸真一，垂钵何须问饆饠①。"《集韵》："毕罗，修食也。"按《小说》："唐宰相有樱笋厨。食之精者，樱桃饆饠。"今北人呼为波波，南人讹为磨磨。《胡氏笔丛》"毕罗"注云"修食"，当作活字②。元人《琵琶记》以秕糠、饆饠充饥，其义可参。唐世"樱桃饆饠"，是备此二字为食物，名非本旨也。今北人所谓波波乃面为之者，南人罕能修治，文公时南北绝不通焉，可据为是物也。《酉阳杂俎》："衣冠食之精者，萧家馄饨、庾家粽子、韩约樱桃饆饠。"不云宰相樱笋厨也。今《杂俎》刻多误，《韵语阳秋》十九卷引之可证。

《演繁露》

汤饼，一名馎饦，亦名不托。李正文《刊误》曰："旧未就刀钻③时，皆掌托烹之，刀钻既具，乃云不托，言不以掌托也。俗传馎饦，字非。"予始读此，未审其言信否，及见束晳《饼赋》，知其有本也。晳曰"仲春之月，天子食麦，而朝事之笾，煮麦为面。《内则》诸馔不说饼，然则虽云食麦，而未有饼，饼之作也，其来久矣。"又曰"玄④冬冽寒，涕冻鼻中，霜成口外，充虚解战，则汤饼为最"。而其形容制造之意，则曰"火盛汤涌，猛气蒸作。

---

① 饆饠（bìluó 必罗）：原指抓饭，后亦指饼类。
② 活字：指灵活运用的字。
③ 刀钻：钻，疑为"钻"之讹。钻，用同"砧"。刀砧，刀与切板。
④ 玄：原作"三"，据《束广微集·饼赋》及后文改。

攘衣①振掌，握搦㧖搏。面弥离于指端，手索回而交错。纷纷駷駷②，星分雹落。柔如春绵，白若秋练"。则当晋之时，其谓汤饼者，皆手抟而擘置汤中煮之，未用刀儿也。又宗懔《荆楚岁时记》："六月伏日作汤饼，名辟恶饼"。庾阐赋之曰："当用轻羽，拂取飞面，刚软适中，然后水引，细如委线，白如秋练。"则其时之谓汤饼，皆齐高帝所嗜水引面也。水引，今世犹或呼之，俚俗又遂名为蝴蝶面也。水引、蝴蝶，皆临鼎手托为之，特精粗不同耳。不知何世改用刀儿，而名不托耳。若参束、宗所赋，则李正文所纪，信而有证也。馎饦，恐古无此字，殆后人因不托声称之而食其旁，与欧公餕音俊餡音叨之谑，同一关捩③也。

《猗觉寮杂记》

北人食面名馎饦。扬雄《方言》："饼谓之饦。"《齐民要术》："青面、麦面，堪作饭及饼饦，甚美，磨尽无麸。"则饦之名已见于汉魏。《五代史·李茂贞传》："朕与宫人一日食粥，一日食不托。"不托，俗语，当以《方言》为正，作馎饦字。

《鼠璞》

《续释常谈》引《资暇录》云："馄饨，以象浑沌。不正书混沌，从食"，不载故事。《事物纪原》并无此名

---

① 衣：此下原衍"服"字，据《束广微集·饼赋》改。
② 駷（sà 飒）駷：迅速。
③ 关捩：原指能转动的机械装置，后用作比喻原理、道理。

件。《唐逸史》载："李宗回客，知人饮馔，将同谒华阴令，客曰：与公吃五般馄饨。及见，果然。"《酉阳杂俎》云："今衣冠家有萧家馄饨，漉去汤肥，可以瀹茗。"是旧有此名。《本草》载："艾叶疗一切鬼气，炒作馄饨，吞三五枚，以饭压之。"取混沌之义，信矣，俱从食边何耶？

《演繁露》

世言馄饨，是胡中混氏、沌氏为之。按《方言》"饼谓之饨徒昆反，或谓之馂音张，或谓之馄音浑"，则其来久矣，非出胡虏也。

《七修类稿》

馒头，蛮地以人头祭神，诸葛之征孟获，命以面包肉为人头以祭，谓之蛮头，今讹而为馒头也。古人寒食采桐杨叶，染饭青色以祭，资阳气也。今变而为青白团子，乃此义耳。

《因话录》

食品馒头，本是蜀馔，世传以为诸葛亮征南时，以肉面像人头而为之。流传作馒字，不知当时音义如何，适以欺瞒同音。孔明与马谡谋征南，有攻心、心战之说。至伐孟获，熟视营障，七纵而七擒之，岂于事物间有欺瞒之举。特世俗释之如此耳。

《丹铅录》

《食经》："五色小饼，作花卉、禽兽、珍宝形，按抑盛之盒中，累积，名曰斗钉。今人犹云钉果盒、钉春盛是也。"俗书作斗钉，非也。今作饳钉。

《资暇录》

石鏊饼，本曰啍饼①。同州人好相啍，将投公状，必怀此而去，用备狴牢②之粮。后增以甘辛，变其名质，以为贡遗矣。

《演繁露》

《释名》曰："饼，并也，溲麦使合并也。"蒸饼、汤饼之属，随形而名之。束晳《饼赋》曰"起溲""牢九。何曾蒸饼，不坼③作十字不吃。萧子显《齐书》曰："诏太庙四时祭，荐宣皇帝面起饼。"起者，入教面中，俗书教为酵。令松松然也。本朝读蒸为炊，以蒸字近仁宗御讳故也。

《名义考》

凡以面为食具者，皆谓之饼。以火炕曰炉饼，有巨胜曰胡饼。汉灵帝所嗜者，即今烧饼。以水瀹曰汤饼，亦曰煮饼。束晳云"玄冬为最"者，即今切面。蒸而食者，曰蒸饼，又曰笼饼。侯思止令缩葱加肉者，即今馒头。绳而食者，曰环饼，又曰寒具，桓玄恐污书画，乃不复设，即今馓子。他如不托、起溲、牢九、冷淘等，皆饼类。按崔鸿《前赵录》曰："石季龙讳胡，改胡饼曰麻饼。"

---

① 啍（yàn 燕）饼：告状预备坐牢时所备食物。啍，倾轧。
② 狴（bì 必）牢：监狱。
③ 坼（chè 彻）：裂开。原作"折"，据《晋书》卷三十三《何曾传》改。

《五杂俎》

饼，面餈也。《方言》谓之馄饨，又谓之餦。然馄饨即今馒头耳，非饼也，京师谓之餶餬。胡饼，即麻饼也，石勒讳胡，故改为麻饼。又有蒸饼、豆饼、金饼、索饼、笼饼之异。而唐时有红绫馅饼，惟进士登第日得赐焉，故唐人有"莫嫌老缺残牙齿，曾吃红绫馅饼来"之诗。今京师有酥饼、馅饼二种，皆称珍品，而内用者加以玫瑰、胡桃诸品，尤胜民间所市。又内中所制，有琥珀糖，色如琥珀；有倭丝糖，其细如竹丝，而扭成团，食之有焦面气。然其法皆不传于外也。

《余氏辨林》

俗传屈原五月五日投汨罗江，国人每于此日祭之，往往为蛟龙所攫。屈原显灵于长沙欧回，因以练叶裹米，彩丝缚之投江，以二物为蛟龙所惮也。不知古俗五月五日烹龟食粽，盖取阴阳尚包裹未分之象。俗以竞渡为屈原而作，并以角黍亦为屈原而作，盖自《续齐谐》所载之谬耳。

《演繁露》

或论"仁人明道不计功"曰："人有能轻抟黍者，不能无意于百金；有能轻百金者，不能无意于拱璧。"数以抟黍问人，人无知者。《吕氏春秋》曰："以百金与抟黍以示儿子，儿子必取抟黍也。以和氏之璧与百金以示鄙人，鄙人必取百金矣。"论盖取此语以为之据也。《特牲馈食礼》曰："侑食抟黍，授祝以荐之尸也。"祢衡在黄祖座上，黍臞至，衡先自饱食毕，抟以戏弄，祖怒其戏谩。此即抟黍也。或以为抟黍，黄鸟也。王介甫诗："萧萧抟黍声中日，漠漠春锄影外天。"说春锄，白鹭也，以鹭对莺也。但不知抟黍之为黄莺何出耳。

《竹坡诗话》

东坡在黄州时，尝赴何秀才会，食油果甚酥，因问主人此名为何，主人对以无名。东坡又问为甚酥，坐客皆曰"是可以为名矣"。又潘长官以东坡不能饮，每为设醴，坡笑曰"此必错著水也"。他日忽思油果，作小诗求之云："野饮花前百事无，腰间唯系一葫芦。已倾潘子错著水，更觅君家为甚酥。"

《留青日札》

面，小麦末也，今市肆标曰重罗白面。束皙赋曰："重罗之面，尘飞雪白。"又名玉尘。橘中叟曰："君输我瀛洲玉尘九斛。"元尚食局有御麦面，恐即今之番麦也。或以为因其磨制之巧，不沾尘埃而名，非也。

《渔隐丛话》

今岁时人家作饧蜜油煎花果之类，盖亦旧矣。"粔籹蜜饵，有餦餭些。"餦餭，饧也。言以蜜和米面，煎作粔籹。中书赵舍人云："《方言》饵糕，今糍糕是也。"

卷四　炰①脍类

《说略》

笾②有四，朝事、馈食、加笾、羞笾。豆③亦有四，朝事、馈食、加豆、羞豆。今按：《周礼》"四笾之实，笾人掌之"，"四豆之实，醢人掌之"。笾实之目十有八，而栗重出。豆实之目二十有四，而醢、醓④、鱼醢重出。朝事笾实，麷蕡白黑，形盐，膴、鲍鱼、鱐⑤。熬麦曰麷，麻曰蕡。熬稻米曰白，熬黍米曰黑。盖以麦面麻子稻黍末作饼餤。注谓："清朝未食，先进寒具口实也。"形盐，《左传》所谓"盐，虎形"。膴音呼，《说文》云"无骨脂"，注谓"朕⑥章涉、直辄二反，薄切肉也⑦、生鱼为大脔"，疏为"鱼腹腴"。鲍，部巧切，《韵书》云"髆鱼也"，注谓"槁今按：今注文作"楅"室中糗干之"。按：疏云"楅室者，谓楅土⑧为室"。字从鱼，盖鱼之糗而干者也。鱐，音搜，鱼之析而干者也。膴以腥荐，鲍鱐以干荐。楅字，按《说文》"火焙肉"

---

① 炰（páo 刨）：蒸煮，烧烤。
② 笾：古代祭祀和宴会时盛放果物的容器，以竹制成，其形如豆。
③ 豆：古代祭祀和宴会时盛放菹醢的容器，以木制成，形如高足盘。
④ 醓（tǎn 忐）：肉酱。
⑤ 鱐（sù 素）：干鱼。
⑥ 朕（zhé 折）：薄切肉。
⑦ 章涉……肉也：原为大字，与《周礼》郑玄注不合。"章涉、直辄二反"出自陆德明《周礼·天官·笾人音义》，"薄切肉也"出自许慎《说文解字》，且检《说略》卷二十五无此文，今据以改为小字注文。
⑧ 土：原作"上"，据《周礼·天官·凌人》疏改。

恐是。鲍者，火焙而干，鱐者，日曝而干，故均之为干鱼而异名也。臕为鱼腹腴，则臕鲍鱼鱐皆鱼也。朝食为米食寒具鱼干之属，可夙具者也。今按：贾疏云"王者备物，近者腥之，臕是也；远者干之，鲍及鱐是也"。近宜湿，远宜干，非谓可夙具也。馈食笾实，枣、栗、桃干、榛音老，一音力到反、榛实，注谓"榛为梅"，谓"榛似栗而小"。馈食始备米实也，加笾菱、芡音险、栗脯脩。经文无"脩"字。注"菱，芰①也。芡，鸡头也"。贾疏云"俗有二名，今人或谓之雁头也"。或云"四角三角为芰其寄反，两角为芡"。郑司农以栗在加笾、馈食重出，作"菱芡脯脩"，薄析曰脯，施姜桂曰脩，按：《内饔》贾疏云"脩，谓加姜桂锻治之，若不加姜桂，不锻治者，直谓之脯。"言脩治脯也。羞笾，糗、饵、粉、餈。注谓"熬人豆与米曰糗"。《说文》："熬米麦。"《通释》："燋干米麦。"要之，米麦豆皆可为饵者也。粉，注谓"豆屑也"。米麦豆皆可为粉，但粉以豆为明滑，故专以豆言之。饵与餈名实相近，合蒸曰饵，饼之曰餈。疏云："糗与粉为一物。糗者，捣粉熬大豆。饵言糗，餈言粉，互相足也。"郑康成云："二物皆粉，稻米、黍米合以为饵。饵不饼而餈作饼，今之餈糕，名出于此。"凡今俗下饼饵餈糕，其制多出于古人，其名已载于经典，观于笾实可见也。朝事豆实，韭菹、醓一本作盗醓、昌本、麋②臡、菁菹、鹿臡、茆菹、麇③京伦反臡。菹，庄鱼切，《说文》"酢菜也"，今

---

① 芰（jì 计）：菱的别名。
② 麋（ní 尼）：原作"麋"，据《周礼·天官·醢人》改。
③ 麇（jūn 军）：俗名獐子，学名麝。

俗设菜桙^①中渍菜皆菹之遗法。按：郑注云："切之四寸为菹。"贾疏云："菹四寸，无正文，盖以一握为限，一握则四寸也。"醢，吐感切，一音昌审反，注谓"肉汁"，《说文》谓"血醢"。醢者，《说文》"肉酱"。臡，音泥，亦醢之异名。注谓"有骨曰臡，无骨曰醢"。凡作醢及臡者，必先脯干其肉，乃后莝之，杂以粱麹及盐，渍以美酒，置瓶中，百日即成。今俗用鲑同鲊酱，皆臡、醢之遗法。昌本，昌蒲根也。菁菹，蔓菁菜也。茆北人音柳菹，郑司农读为茅，杜子春读为卯，曰凫葵也。今按：凫葵系郑康成注文，今系杜子春下，非是。康成疑茆不堪菹，从杜说。按《鲁颂》"薄采其茆"，《释文》曰"即莼菜也"。麋、鹿、麇三臡，皆莝骨和肉，为百日酱，皆在朝事之豆，亦取晨朝易于夙办。馈食豆实，唯葵菹在七菹之列，馀皆醯醢。葵菹、蠃_{力禾反}醢、脾析、蠯_{蒲佳}、薄_{鸡二反}醢、蜃蚳_{音池}醢、豚拍、鱼醢。葵为百菜之长，故馈食豆实首葵，而他菹莫配焉。脾析、蠯、豚拍皆五齑中件目。脾析，牛百叶也，俗呼牛胃为百叶，已见《周礼》注矣。蠯，《说文》"大蛤"。按《月令》："雉入大水化为蜃，雀入大水化为蛤。蛤，小蛤；蜃，大蛤也。"豚拍之拍，先郑读为膊，言胁也。三者近于臡醢而曰齑。齑者，以百叶诸物细切之，和以醢酱，不待瓶中，百日而成，故别为齑之名。齑从韭，宜用菜，若昌本、深蒲作齑，固宜。百叶、蠯、豚之肉亦可缕以为齑也。蠃，注谓"蜬_{音移}蝓_{由、榆二音}"。按《方言》"燕赵间以为蜘蛛"，

---

① 桙（pán 盘）：同"盘"，盛物之器。

《韵书》以为蜗牛。蜘蛛、蜗牛，非可食者。疏释引《尔雅》为证，彼《尔雅》乃训诂之儒集经注以为书。或疑《内则》有"蜗醢"，恐是蜼蝓、蜗牛之谓，然《内则》之蜗，乃力戈切。《集韵》古螺字作蜗，《韵释》云"蚌属也，非蜗牛之蜗矣"。陆佃直谓蜗牛可醢，盖为《礼》注所误尔。蠃螺字亦作蜗，《韵书》以为香螺也。蠯，注谓"小郑注无小字蛤"，《韵书》以为"蚌狭而长者"。蚳，汉儒相传为蚍蜉白子，亦恐不然。蚍蜉未必可食，一也；取白子伤生，二也。按《天官》有"鳖人掌取互物祭祀，供蠯、蠃、蚳以授醢人"，则蚳与蠯、蠃皆当是螺蛤同类。既掌以鳖人之官，可知为水族之产。若以《国语》为证，则《国语》亦但言舍蚳不取，未尝指蚍蜉之子可取而食也。唯《夏小正》于二月言"昆小虫抵蚳"，其传曰"蚳，蚁卵，为祭醢"。《夏小正》本文无几，其解说处多是汉儒附会，未可尽信。按《月令》"方春和时，毋杀孩虫胎夭①飞鸟，毋麛②毋卵"，岂有二月正春，殈③蚁穴以为豆实之奉哉？《巷伯》"成是贝锦"，注以"贝为馀蚳"，贝之黄质白文者，或可为鳖人互物之证。蚳或从身，医书云"食之益寿明目"，岂必蚁卵而后谓之蚳哉？鳖人春献蠯以为醢，故《小正》以二月抵蚳，此虽流传已久，而必当改正者。《小正》以蠯为蒲芦，朱子以为其书不足信。

---

① 胎夭：指刚出生和尚未出生的小动物。胎，在腹中未出。夭，生而已出。

② 毋麛（mí 迷）毋卵：谓不许捕杀幼鹿和猎取禽卵。麛，幼鹿。

③ 殈（xù 续）：鸟卵未孵而裂开。

愚于蚳为蚁卵，亦不敢以为信。唯鱼醢用鱼，可免注者妄言矣。加豆之实，芹音勤，徐音谨，《说文》作"近"菹、兔醢、深蒲、郑师仲云："蒲蒻入水深，故曰深蒲。"醓醢、箈按经文作箈菹、雁醢、笋菹、鱼醢。芹，楚葵，水菜，类蒿。深蒲，或云桑耳，或云蒲始生水中。《韩奕》诗云："其蔌维何，维笋及蒲。"知蒲可为蔌，不必曰桑耳也。箈有苔、迨二音。北人音秃改反，又文之反。郑注云"水中鱼衣"即苔也。今海乡之人，干苔以为菹。或疑箈字从竹，为箈，箭萌、笋竹萌。不思箭萌亦笋尔，既有笋菹，安用箭萌？籀文竹、草相似，其为苔菹，何惑焉？今按：水中鱼衣者，郑师仲之说也。箭萌者，郑康成之说也。贾①疏云："箭萌，一名籥者也；竹萌，一名篛者也。萌，皆谓新生者也，见今皆为菹。"则欲易经文箈字为箈字，非是。兔醢用兔，雁醢用雁，鱼醢用鱼，如上文。羞豆之实，酏食、糁食。酏，音移，郑司农云"以酒酏为饼"，疏云"若今起胶饼"，康成曰"餰"，贾氏曰"粥"。《礼记》有"稻酏""黍酏"。《周礼》匜称于酏，酒正之五饮，浆人之六饮，皆用酏也。糁食，郑司农云"菜餗蒸"。康成曰"取牛羊豕之肉，三如一，小切之，米二肉一，合煎为饵"。《鼎卦》"公餗之"，注云"糁谓之餗。震为竹，竹萌曰笋。笋者，餗之为菜也"，则糁食未尝不用笋菹之笋也。糁食、酏食，在七菹之外，岂惟竹萌？唯所用之豆实，有五齐、七醢、七菹、三臡、二食。五齐之齐注作齑：昌本、深蒲、脾析、蜃、豚拍。七醢：

---

① 贾：原作"贯"，据《周礼注疏》卷六《天官·醢人》贾公彦疏改。

醓、鱼、兔、雁、蜃、蠃、蚳。七菹：韭、菁、茆、葵、芹、苔、笋。三臡：麋、鹿、麇。今孔子庙丁祀菹醢，多不如法，不考《周礼》故尔。广中蚁子白而大，淹之，实可为酱，与鱼子酱正同，此亦是虾子酱、桂蠹之属也。耳目所不及，遂疑古人之言，可笑也。

《丹铅录》

《周礼》："腊人掌干肉，脯、腊、膴、胖郑师仲音判，杜子春音版之事。"脯之为言晡也，晡时而成也。腊之为言夕也，经夕而成也。《周易·噬嗑》有"干肉"之文，古注云"干，曝而夕干"，又曰"晞于阳而炀于日曰干"。非如今人之腊肉，经腊而成也。《论语》："祭肉不过三日。"又服食家陈臭醃藏皆禁不食，则古人脯腊之制，亦养生之法也。

脯，薄切，今之靶也。腊之为言夕也，朝暴而夕干。膴，无骨肉也，音呼。《诗》"周原膴膴"，谓土膏如无骨肥肉也。又曰"则无膴仕"，言其脂膏自润也。胖之为言片也，析肉意也。

古无腊肉，腊乃祭名。

古人祭以肺为重，食牲以肩为重。

《艺林伐山》

腊人掌干肉，脯、腊、膴、胖之事。郑注"干肉，若今凉州乌翅。胖肉，大脔也"。疏云："乌翅解肉干之状。"

《初学记》

刘熙《释名》曰："脯，搏也，干燥相搏著也。"又曰："脩，缩①也，干燥而缩也。"《说文》曰："脯，干肉也。脩，脡也""搏补莫反，薄脯，搏之屋上也""腕，骨脯也"。"胸膊，脯脡也"。《周礼》曰："腊人掌干肉，凡田兽之脯、腊、膴、胖判之事。"夫物解肆干之，谓之干肉。薄切曰脯，捶之而施姜桂曰腶脩。腊，小物而干者。膴、胖，皆为夹脊肉也。《谷梁》曰"束脩之肉，不行境中，有至尊者不贰"，注曰"束脩，脯也"。

《天中记》

《释名》："脯，搏也，干燥相搏著也。脩，缩也，干燥缩也。炙炙也，炙于火上也。脯炙，以饧蜜豉汁淹之，脯脯然也。釜炙，于釜汁中和熟之也。脂，衔也。衔炙，细蜜肉和以姜椒盐豉，已乃以肉衔裹其表而炙之也。貊炙，全体炙之，各自以刀割，出于胡貊②之为也。鲊菹也，以盐米酿之如菹，熟而食之也。"

《隽言》

《谷永传》："浊氏以胃脯而连骑。"晋灼曰："今太官常以十月作沸汤燖③，似兼羊胃，以末椒姜坋④满顿之，暴使燥是也。"

《杨恽传》："烹羊炰羔。"师古曰："炰，毛炙肉也。即今所谓燠⑤也。燠，一高反。"

---

① 脩缩：此上原衍一"脩"字，据《释名》改。
② 胡貊（mò 末）：指北方少数民族。
③ 燖（xún 寻）：烫去杂质。
④ 坋（fèn 愤）：涂，搽。
⑤ 燠（āo）：煨熟。

《天中记》

《少仪》："牛与羊鱼之腥，聂而切之为脍。"《内则》："脍，春用葱，秋用芥。豚，春用韭，秋用蓼。肉腥细者为脍，大为轩音宪。"《说文》："脍，细切肉也。"《释名》："脍，会也。细切肉，散分其赤白异切之，乃会和之也。"

《五杂俎》

脍不厌细，孔子已尚之矣。脍即今鱼肉生也，聂而切之，沃以姜椒诸剂，闽广人最善为之。昔人所云金齑玉脍，缕细花铺，不足奇也。据史册所载，昔人嗜脍者最多，如吴昭德、南孝廉皆以喜斫脍名。余媚娘造五色脍，妙绝一时。唐俭、赵元楷至于衣冠亲为太子斫脍。今自闽广之外，斫者、啖者无人矣。《说文》："脍，细切肉也。"今人以杀人者为刽子手，刽亦断切之义，与脍同也。按脍亦谓之劋①，齐东昏侯时谣曰"赵鬼食鸭劋"，注"细剉肉，杂以姜桂是也"。

《笔乘》

《礼记·内则》："肉腥细者为脍，大者为轩。"稽考轩字，乃干之讹。按《仪礼·特牲馈食》"佐食举干"，注"牲肉长胁也"，可以为证。

《天中记》

《尔雅》曰："肉谓之羹。"《说文》曰："羹，五味和

---

① 劋（xiào 啸）：割。

粥也。"秦子曰："五味者，各称一族之名，和合一鼎，名曰羹，犹威重廉平恩，合而为信也。"

《说文》："臛，肉羹。"《释名》："臛者，蒿也，香气蒿蒿也。"

《初学记》

刘熙《释名》曰："羹，汪也，汁汪郎也。"《说文》曰："羹，五味之和也，烧豕肉羹也。"《广雅》曰："羹谓之湆①音泣。"《淮南子》曰："豆之上，先大羹大羹肉湆。"《礼记》曰："蜗醢而苽食雉羹，麦食脯羹鸡羹，析稌犬羹兔羹，和糁不蓼。"稌，稻也。凡羹齐宜五味之和，米屑之糁，蓼则不矣。缪袭《祭仪》曰："夏祠和羹芼以葵，秋祠和羹芼以葱，冬祠和羹芼以韭。"

《初学记》

许慎《说文》曰："肴，杂肉也。""腌，渍肉也。""膰，宗庙熟肉也。"《谷梁》曰："脤者，俎实祭肉也。生曰脤，熟曰膰，盖社肉也。"《尔雅》曰："肉曰脱之。"今按：此句又见《礼记·内则》，疏云："皇氏云治肉，除其筋膜，取好处。"故李巡注《尔雅·释器》云"肉去其骨曰脱"，郭云"剥其皮也"。扬雄《方言》曰："朝鲜洌水间，凡暴肉及牛羊五脏谓之膊。"《家语》曰："夫食肉者勇悍。"《礼记》曰："濡肉齿决，干肉不齿决。"又曰："熬捶之，去其皽②音

---

① 湆（qì 泣）：肉汤。
② 皽（zhǎn 展）：皮肉上的薄膜。

展，编萑①音丸布牛肉焉。陈澔注云："生捣而去其皽膜，然后布于编萑之上。"屑桂与姜，以洒诸上，而盐音艳，又如字之，干而食之。欲濡肉，则释而煎之以醢；欲干肉，则捶而食之。"鱼豢《典略》曰："凡宗庙三岁大祫，每太牢分之，左辨上帝，右辨上后。俎馀肉积于前数千斤②，名堆③俎。"

《侯鲭录》

《文选·古乐府·名都篇》："寒鳖炙熊蹯。"又曹子建《七启》云"寒芳莲之巢龟，鲙西海之飞鳞"，注谓"今之胜④寒也"，引《盐铁论》云"煎鱼切肝，羊淹鸡寒"。又《资暇录》云："今之滽肉谓之寒。"又《广韵》云："煮鱼煎食曰胜。"

《五杂俎》

《文选》有"寒鸽寒鳖"，《崔骃传》亦有"寒鸡"。《七启》"寒芳芩之巢龟"，李善注"寒，今胜肉也"。《广韵》："煮肉熟食曰胜。"然寒字甚佳，而煮熟之义极甚肤浅。《周礼·膳羞之政》："凡割烹煎和之事，辨体名肉物及百品味，各有所宜，似非若后世庖人一味煮熟之已也。"寒与韩同，按《释名》曰"韩羊、韩鸡，本出韩国所为"。

---

① 萑（huán 环）：一种芦类植物。
② 斤：原无，据《太平御览》卷八六三引《典略》及《五礼通考》卷九十八补。
③ 堆：原作"惟"，据《初学记》卷二十六及《太平御览》卷八六三引《典略》改。
④ 胜（zhēng 争）：煎煮鱼肉。

《资暇录》

今缕生肝肚为饭食之一味，曰"生肝镂剔①"，言其细切如雕镂之义。一说名生肝虏胙，言似胡虏祭之馀胙，声讹，故云镂剔也。今之五味，罯②爚③瓜茄及猪肉，俗谓之丑甲音者，而臆腯④朘胘⑤字，反是字书内煠⑥字音丑猎者，讹呼丑甲⑦反尔。此字火旁云下木⑧，别有火旁世，世下木⑨，音士甲反，是沸汤渫菜字；其音丑猎者，义出暗爚也。

《演繁露》

脾析，牛百叶也。百叶既为牛脾，而片片分析，故云脾析也。

《六研斋笔记⑩》

汉时八珍，猩唇、豹胎之外，有酥酪蝉者，注云"以

① 剔（zhòu 咒）：细切。

② 罯（ǎn 俺）：原为墨钉，《四库全书》本作小字"阙"。《资暇集》卷下作"詈"，谓责骂，义不相合。据《说郛》卷十四下改。罯，反复。

③ 爚（yuè 月）：煮。

④ 腯（chā 插）：味美的肉。

⑤ 朘（qiǎn 浅）：腹下。

⑥ 煠（zhá 炸）：原作"燥"，《四库全书》本、《资暇集》卷下作"燥"，据下文及《说郛》卷十四下改。指将食物放入沸油或汤中，一滚即出。

⑦ 甲：原作"口"，据《四库全书》本、《资暇集》卷下及《说郛》卷十四下改。

⑧ 火旁云下木：即"煠"字。

⑨ 火旁世下木：即"煠"字，为"燥"的正体。

⑩ 记：原脱，据上下文补。

羊脂为之"，乃今之抱螺酥也，其形与螺初不肖而酷似蝉腹。乃知名物之妙，今不逮古多矣。

《留青日札》

八珍，淳熬郑注"淳，沃也，熬亦煎也"也，淳母郑注云"母，读曰模，模象也，作此象淳熬"也，炮也，捣珍也，渍也，熬也，糁也，肝膋①也。又"迤北八珍，醍醐也，麆沆②也，野驼蹄也，鹿唇也，驼乳麋也，天鹅炙也，紫玉浆也，玄玉浆也"。《辍耕录》："玄玉浆即马奶子。"

吕希哲《杂记》

八珍者，淳熬也，淳母也，炮豚③捣珍也，渍也，熬也，糁也，肝膋也，炮牂④也。先儒不数糁而分炮豚炮牂为二，皆非也。后世八珍则曰龙肝、凤髓、兔胎、鲤尾、鸮炙、猩唇、熊掌、酥酪蝉以羊脂为之。

《秕言》

世传八珍，谓为熊蹯、豹胎、驼峰、翠釜之类，此不经之说也。

《秕言》

《初学记》："周太子发嗜鲍鱼。太公望曰：鲍鱼不登于俎，岂可以非礼之物进太子食哉？"《北齐史》："邢峙授

---

① 膋（liáo 辽）：脂肪。
② 麆（zhù 祝）沆：蒙古人饮用的一种酒。
③ 豚：吕希哲《吕氏杂记》卷下作"也"。
④ 牂（zāng 脏）：母羊。

太子经，食进邪蒿。峙曰：菜有不正之名，非殿下宜食。"
祖此意也，然鲍鱼之事，亦有可疑。《周礼·鱉渔同，又音
御人》"辨鱼物为鱻鲜同薧①音考，以供王膳羞。"薧，干鱼
也，全者为鲍鱼，析者为鱐，皆干鱼也。《内饔》"掌共羞
脩刑膴胖骨鱐，以待共膳"，则鱐是王后太子所食也。《笾
人》"朝事之笾，其实麷蕡白黑，形盐，膴鲍鱼鱐"。郑司
农云"朝事谓清朝未食，先进寒具口食之笾"，郑玄云
"朝事谓祭宗庙血牲之事"。若从先郑，则鲍鱼正王后及世
子所食。若从后郑，则岂有可以荐宗庙，而不可以进王后
及世子者哉？《家语》："孔子曰：与不善人居，如入鲍鱼
之肆，久而不闻其臭。"《史记》："秦始皇崩，以鲍鱼乱其
臭。"此言鲍鱼之败者耳。《释名》云："鲍鱼，鲍腐也。"
乃直以鲍鱼为臭腐然。作鲍鱼之法，于糗室中糗干之，正
欲使不臭耳。若必以鲍鱼为臭，则周公必不加笾，武王必
不嗜食。《初学记》所云恐不实也。

《隽言》

《两粤传》"桂蠹一器"，应劭曰"桂树中蝎虫也"。
苏林曰："汉旧常以献陵庙，载以赤毂小车。"师古曰：
"此虫食桂，故味辛，而渍之以蜜，食之也。"

《癸辛杂识》

余读杜诗"偏劝腹腴愧年少"，喜其知味。东坡诗亦
云"更洗河豚烹腹腴"。黄诗亦云"故园溪友脍腹腴"，又

---

① 薧（kǎo 考）：干的食物。

云"飞雪堆盘脍腹腴"。按：《礼记·少仪》云"羞濡鱼者进尾，冬右腴"，注云"腴，腹下也"。《周礼》疏："燕人脍鱼方寸，切其腴以啖所贵。引以证膴，膴亦腹腴。"《前汉》"九州膏腴"，师古注云"腹下肥曰腴"。涪翁《杂说》："腴，腹下肥处也。"

《暖姝由笔》

《松漠记闻》云："杀鸡炙股烹蒲，音蒲，膊肉也。"今亦云然，盖胸下之白肉也。

《辍耕录》

江邻几《杂志》云："丁正臣赍①玉腴来馆中。"沈休文云："福州人谓之佩羹，即今鱼脬是也。"

《容斋续笔》

咸杬，《玉篇·唐韵》释杬字云"木名，出豫章，煎汁藏果及卵，不坏"，《异物志》云"杬子音元，盐鸭子也"，以其用杬木皮汁和盐渍之。今吾乡处处有此，乃如苍耳、益母茎干，不纯是木。小人争斗者，取其叶挼②擦皮肤，辄作赤肿，如被伤，以诬赖其敌。至藏鸭卵，则又以染其外，使若赭色云。

《辍耕录》

今人以米汤和入盐、草灰，以团鸭卵，谓曰咸杬子。按《齐民要术》"用杬木皮淹渍，故名之"。若作圆字写，

---

① 赍（jī 基）：持，带着。
② 挼（ruó 弱阳平）：揉搓。

则误矣。

《竹坡诗话》

东坡性喜嗜猪，在黄冈时，尝戏作《食猪肉诗》云："黄州好猪肉，价钱如粪土。富者不肯吃，贫者不解煮。慢著火少著水，火候足时他自美。每日起来打一碗，饱得自家君莫管。"此是东坡以文滑稽耳。后读《云仙散录》，载①黄昇日食鹿肉二斤，自晨煮至日影下西门，则曰："火候足矣。"乃知此老虽煮肉亦有故事，他可知矣。

《庶物异名疏》

卢湛《祭法》曰："四时皆用肺膜损。"《说文》："膜，切熟肉于血中和也。"《释名》："肺膜，赞②也。全米糁之，如膏钻也。"

《庶物异名疏》

《酉阳杂俎》："食品有述荡之擘擘，腕、谦、欠三声。"擘，掌后节中也。述荡，兽名，见兽部。

《庶物异名疏》

《七发》曰："肥狗之和，冒以山肤。"山肤即《七启》"玄熊素肤"之肤，产于山，故曰山肤。

《庶物异名疏》

《草木子》云："北人杀小羊，自脊上开一孔，逐旋取

---

① 载：原作"戴"，据文义改。
② 赞：《释名》卷四作"钻"，下"钻"字亦作"钻"。钻，以羹浇饭食之。义胜。

去内头骨肉，外皮皆完，揉软，用以盛乳酪酒湩①，谓之浑脱。"按宗晋卿舞浑脱、公孙大娘浑脱舞、长孙无忌以乌羊毛为浑脱毡帽，皆喻其柔软若无骨，而脱亦谓消肉臞②也。

《留青日札》

今酒席中之羊背皮，所谓荐体在元，谓之挈设，上宾用之，或用马背皮，馀宾用前手后手。鹅则敬胸。今俗敬首，在北人则否也。若贵戚之家，有名曰割牲者，以数十金骏马，奚人当堂呈过，一庖丁持利刀飞取其臀肉一脔而献之，以夸豪奢也。

《天中记》

李德裕《述梦诗》曰"荷净蓬池鲙，冰寒郢水醪"，注"每学士初上赐食，悉是蓬莱池鱼鲙。夏至复赐及颁烧香酒③，以酒味稍浓，每和水而饮。盖禁中郢水酒坊也"。此文饶诗也，《事文类聚》作李白，误。

《吴兴掌故》

吴兴往时善斫鲙，缕切如丝，簇成人物花草，杂以姜桂，故东坡云"运肘如飞看斫鲙，随刀雪落惊飞缕"。山谷云："烂蒸同州羔，灌以杏酪，食之以匕不以箸。南都

---

① 湩（dòng 动）：乳汁。
② 臞（qú 渠）：瘦。
③ 夏至……香酒：李德裕《会昌一品集》别集卷三作"夏至后颁赐冰及烧香酒"。

拨心面，作槐芽温淘，糁①以襄邑抹猪，炊共城香稻，荐以蒸子鹅。"吴兴庖人斫松江鲈鲙，继以庐山康王谷水烹曾坑斗品，少焉解衣仰卧，使人诵东坡《赤壁前后赋》，亦足以一笑也。观此，则吴兴斫鲙名远矣，而今皆不一见。

《吴兴掌故》

秋深时，湖上人作裹鲊②小鱼，加香料、米粉，荷叶包裹，热过可食，名荷叶鲊。唐人李颀《渔父词》："绿水饭香稻，青荷包紫鳞。"正谓此也。

《说楛》

小截山蒵为玉杵羹，黄雀脂膏为金绵鲊。吴淑诗："晓羹沉玉杵，寒酢叠金绵。"

---

① 糁：原作"掺"，据苏轼《东坡志林》卷八改。
② 鲊：用盐和红曲腌制鱼。

卷五　酒醴类上

《古今考》

《周礼》"酒正掌酒之政令，以式法授酒材"，注云"式法，作酒之法式。作酒既有米麹之数，又有功沽之巧"。疏云："功沽，谓善恶。"《月令》曰："乃命大酋，秫稻必齐，麹蘗①必时，湛饎②必洁，水泉必香，陶器必良，火齐必得。"郑司农云："授酒材，授酒人以其材沽古秫述湛接廉反饎昌志反。"紫阳方氏曰："今《月令》饎作炽"，注"炊也"。湛，渍也。大酋者，掌酒之官，于周则为酒人，未知大酋何代酒官。古者获稻而渍米麹，至春而为酒。《诗》云："十月获稻，为此春酒。"回③谓："十月、十一月，造酒之时，明年春，篘酒④、榨酒、蒸炊酒之时。"酒正，天子之一官也。酒人，则六乡六遂各有之乎？酒正授酒材，酒人授之以饮乡，故曰公酒。

《丹铅录》

大酋，酒官之长。《月令》："大酋监之。"《说文》："酋，绎酒也。"酋音篘。南中夷人有酋长，群夷有酒，必先酌之，谓之把酒，亦犹中国之祭酒也。

---

① 麹蘗（niè 聂）：酒曲。
② 湛饎：亦作"湛炽"，指酿酒时浸渍、蒸煮米曲之事。
③ 回：颜回。
④ 篘（chōu 抽）酒：滤酒。

《庶物异名疏》

《月令》注"酒熟曰酉"，《周礼》注"酉，昔酒"，郑云"昔酒，今之酉久白酒，所谓旧醳①者也"。吾乡白酒之劲者，酿家每誉之曰是愁久者，即此酉字也。

《留青日札》

先酒，始为酒者。古人饮必祭，故有祭酒，老者举酒祭地也。柳子厚诗："举觞酹②先酒。"

《酒谱》

世言酒之所自者，其说有三。其一曰：仪狄始作酒，与禹同时。又曰尧酒千钟，则酒作于尧，非禹之世也。其二曰：《神农本草》著酒之性味，《黄帝内经》亦言酒之致病，则非始于仪狄也。其三曰：天有酒星，酒之作也，其与天地并矣。予谓是三者，皆不足据。夫仪狄之名，不见于经，而独出于《世本》。《世本》非信书也。其言曰："仪狄始作酒醪，以变五味。少康始作秫酒③。"其后赵邠卿之徒遂曰："仪狄作酒，禹饮而甘之，遂绝旨酒④而疏仪狄，曰：后世其有以酒败国者乎？"夫禹之勤俭，固尝恶旨酒而乐谠言⑤，附之以前所云，则赘矣。或者又曰：非仪狄也，乃杜康也。魏武帝《乐府》亦曰："何以消忧，

---

① 醳（yì义）：醇酒。
② 酹（lèi累）：把酒洒在地上表示祭奠或起誓。
③ 秫酒：用高粱酿成的酒。
④ 旨酒：美酒。
⑤ 谠（dǎng党）言：正直美善的言论。

惟有杜康。”予谓杜氏本出于刘累，在商为豕韦氏，武王封之于杜，传国至杜伯，为宣王所诛，子孙奔晋，遂有杜为氏者，士会亦其后也。或者康以善酿得名于世乎？是未可知也。谓酒始于康，非也。尧酒千钟，其言本出于《孔丛子》，盖委巷之说，孔文举遂征之以责曹公，固已不取矣。《本草》虽传自炎帝氏，亦有近世之物始附见者，不观其辨药所生出，皆以二汉郡国名其地，则知不必皆炎帝之书也。《内经》言天地生育，五材休王，人之寿夭系焉，信三坟之书也。然考其文章，知卒成是书者，六国、秦汉之际也。故言酒不据以为炎帝之始造也。酒三星在女御之侧，后世为天官者或考焉。予谓星丽乎天，虽自混元之判则有之，然事作乎下，而应乎上，推其验于某星，此随世之变而著之也。如宦者坟墓，弧矢①河鼓②，皆太古所无，而先有是星，推之可以知其类。然则酒果谁始乎？予谓智者作之，天下后世循之而莫能废。故圣人不绝人之所同好，用于郊庙享燕，以为礼之常，亦安知其始于谁乎？古者食饮必祭先酒，亦未尝言所祭者为谁，兹可见矣。《夏书》述大禹之戒歌辞曰“甘酒嗜音”，《孟子》曰“禹恶旨酒，而好善言”。《夏书》所记当时之事，孟子所言追道在昔之事，圣贤之书，言可信者，无先于此。虽然，酒未必此始造也。

---

① 弧矢：古代星名。又名天弓。
② 河鼓：古代星名。

《酒谱》

天汉三年初，榷酒酤①。元始五年，官卖酒每升四钱，酒价始此。

《演繁露》

王莽时，酒一酿用粗米二斛，麹一斛，得成酒六斛六斗。今按：此文见《食货志》。此酤卖之齐也。用此数计之，米麹通用三斛，取酒三斛不啻也。故汉世通米酒计之，其米多而酒少者，为上尊也。

《丹铅录》

所谓当罏②，盖治酒也。今烧酒法云起自文君，唐诗"卓女烧春醴"是也。烧春名亦佳。顾有孝曰："罏，按《史记》作罏。"韦昭曰："罏，酒肆也。以土为堕边，高似罏。"《汉书·食货志》《司马相如传》俱作卢。如淳曰："酒家开肆待客设酒罏，故以罏名肆。"臣瓒曰："卢，酒瓮也。"师古曰："卖酒之处，累土为卢，以居酒瓮，四边隆起，其一面高，形如锻卢，故名卢耳。"而俗之学者皆谓当卢为对温酒火卢，失其义矣。

《丹铅录》

麹，酒母也。《释名》："麹，朽也。郁之使生衣朽败也。"丘上声，今燕赵之音正叶。

---

① 榷（què 确）酒酤（gū 估）：即榷酤。汉朝以后历代政府所实施的酒类专卖制度。

② 罏（lú 卢）：一种形似瓶子的盛酒器具。

《宛委馀编》

麹，酒母也。一曰酒教也。扬雄《方言》："䴴音器①自关而西，秦豳②之间曰䴴③䴬音牟，大麦麹也。晋之旧都呼䴬为䴱音才䴭音滑，子八切④，齐右河济曰䴭䴾音果。小麦麹，北燕曰䴿麹⑤。又䴿音卑，细麦麹也；䵊音蒙，有衣麹也。"今天下通呼麹，不闻有此数名。

《名义考》

《说文》："麹，酒母也。"徐氏曰："麹，蘖也。酒主于麹，故曰酒母。"《玉篇》："粈、麹，酒母。"孟康曰："媒，酒酵。蘖，麹也。"《周礼》"媒人"注："齐人名麹䴱曰媒。"《说文》《玉篇》"媒人"注训麹已明，徐氏训麹并及蘖，孟康所训俱失之。盖麹，今麹饼。蘖，今麦芽为饧者。故《书》注曰"麹多则太苦，蘖多则太甘"。今人止用麹，不复用蘖矣。然麹亦麦所成者，酒酵，酒滓也。麹、蘖以酿酒，故酿成其罪者，曰媒蘖。粈音枚。酵音教。

《丹铅录》

醹，首酒也，今曰头酒。醨，尾酒也。

---

① 器：据《方言》卷一三、《说略》卷二十五，当作"哭"。

② 豳（bīn 宾）：古都邑名，豳州，设于西魏，隋废唐复，开元间改称邠州，后为陕西省邠县，今作彬县。

③ 䴴：《方言》卷一三、《太平御览》卷八三五无此字。

④ 䴭音滑子八切：《四库全书》本及《方言》卷一三无此字并注。又《广韵》："滑，户八切。"据此，"子"似当作"户"。

⑤ 䴿麹：《方言》卷一三、《太平御览》卷八三五无"麹"字。

《酒尔雅》

酴，酒母也。醾，酒本也。酘，重酘酒也。酎，酘酒也。醅，未沛之酒也。醪，汁滓酒也。醹，厚酒也。醨，薄酒也。醴，一宿酒也。醆，酒微清而浊也。黄封，官酒也。醥，清酒也。酏，清而甜也。醆音盏，浊酒也。醆音展，苦酒也。醍，红酒也。醽，绿酒也。醝，白酒也。玄邑，醇酒也。上尊，糯米酒也。中尊，稷米酒也。下尊，粟米酒也。玄酒，明水也。四酎，四重酿也。三友者，乐天以诗酒琴为三友，今人指三友为酒，音同之讹也。爊蠡，干酪也。

《两钞摘腴》

酬酢。酬，导饮也，欲以酬宾，而先自饮以导之。此饮觞之初，自饮讫，进酒于宾，乃谓之酬。酢，报也，宾既卒爵，洗而酌主人也。

《留青日札》

礼者不脱履而即序也，宴者跣①而上坐也。又贾逵曰"不脱履升堂曰醵"，一曰饮。酌，盛酒行觞也。酌②，少饮也。酬，献，主人进客。酢，客酌主人也。配，相饮也。醋，报也。醵③，一作醵，能者饮之，不能者已也。

---

① 跣（xiǎn 显）：赤脚。

② 酌：据文例，此与上句叙"酌"字重。《重修玉篇》卷三十"酌，少饮也。"疑应作"酌"。

③ 醵（yù 遇）：私宴。

醵，合钱共饮也。酺，赐民共饮也。釂，饮尽也。酳①，以酒漱口，食毕以酒演养其气也。醮，独酌而醉也。摄饮，持酒往饮也。浮，相强也。崇饮，过也。痛饮，虐也。轰饮，狂也。渴饮，若口燥而欲饮也。酖，耽乐也。沉者，齐颜色，均众寡，又曰过饮湛溺也。湎者，闭门不出，又曰颜色齐同，故作酶也。酩酊、酕醄②，皆醉甚也。鲸饮，海吞也。泥饮，烂醉也。猎酒，索饮也。日饮，《汉书》"日日饮也"。食酒，《汉书》"能多饮费尽也"。婪尾、蓝尾，末饮也。阳醉，诈也。霜醉，深也。被酒，带醉也。中酒，伤而恶也。使酒，酗乱也。清酣，不饮而心醉也。奰，不醉而怒也。白著，宋人言酒酣也。酳③，禁也，凶酒甚乱。小人饮酒，一醉日富，亦因酒为禁也。酲④，病酒也。

《留青日札》

白酒曰醆，一作醝⑤，又名醙⑥。白居易诗"白酒善消愁"，苏子云"白酒无声滑泻油"。浊酒，嵇康云"浊酒一杯"，杜少陵云"墙头过浊醪"。黑酒，《醉乡日月》谓之愚酒，色黑而酸醨者也。苦酒，韩子苍诗云"饮惯茅柴谙苦硬，不知如蜜有香醪"，苏子瞻云"白酒微带荷心苦"，

---

① 酳（yìn 印）：古代食礼。食毕以酒漱口。
② 酕醄（máotáo 毛桃）：大醉。
③ 酳（yòng 用）：酗酒。
④ 酲（chéng 城）：酒醉后神志不清的状态。
⑤ 醝（cuō 搓）：通"醆"。白酒。
⑥ 醙（sōu 搜）：酒色极白的酒。

又云松明酒。《方言》"苦，快也"，一作畬、酐、酌，皆苦味也。又《魏名臣传》"醋名苦酒"。酽酒曰醹，味醲酽也，苏诗"杜酒粥面浓"，欧诗"绿醅寒更浓"。淡酒曰醲，味薄也，《万毕术》注"断蒲渍酒中即厚"。冻浆酒，凡酒过热则酸，过冷则冻，古亦名冻醴。《魏都赋》云："冻醴流澌，温酎跃波。"

《名义考》

酒，酉也，以米麹酉醙为义，黍所成者。醴，体也，以汁滓相将为义，秫所成者。秫即稻，稻即糯音懦。《诗》："多黍多秫，为酒为醴。"食音嗣，饭也，以炊谷为义，稷所成者。《诗》曰："我艺黍稷，以为酒食。"又曰："黍稷或或，以为酒食。"古人以黍稷百谷之长，故祭祀用焉。秫则洽百礼，不用祼献矣。醙音亦，秫音杜。

《名义考》

缩酒，茜酒①。茜音缩。《郊特牲》："缩酌用茅"，注"缩，沛也"。《说文》："礼祭，束茅加于祼圭而灌鬯酒，是为茜。沛与釃②同。盖醴齐浊，以茅藉滋，釃出其汁。"《诗》："酾③酒有藇。"藇，香草，亦犹茅也。曰缩者，去滓若缩敛之耳。束茅立之祭前，沃酒其上，酒渗下，若神饮之。《士虞礼》"束茅五寸谓之苴者"，此也。曰茜者，从草酉，会意。《周礼》"甸师共萧茅"，郑大夫云"萧字

---

① 茜（sù 素）酒：古代用酒灌注茅束以祭神，象征神饮酒。
② 釃（jǐ 挤）：滤酒，即酿酒糟熟后，用力挤压，使酒流出。
③ 酾（shī 师）：滤酒。

或为茜，茜读为缩"。《左传》"包茅不入，无以缩酒"，注谓"束茅而灌之以酒为缩"，皆混释也。

《丹铅录》

《笾人》职曰"朝事之笾，其实麷蕡"，郑云"熬麦也"。杨倞谅云："麦之牙，蘖也，至脆弱，音与豊同。"按麷，从豊，与醴酒之豊义同。《荀子》："富国午其军取其将，若拨麷。言薄弱也。"《说文》从豐，恐非。

《古今考》

《浆人》"掌共王之六饮，水、浆、醴、凉、医、贾疏云"谓酿粥为醴，乃为医"。酏，入于酒府。共宾客之稍礼，共夫人致饮于宾客之礼，清醴医酏糟而奉之，凡饮共之"。郑注"王之六饮，亦酒正当奉之醴。醴，清也"。郑司农云"凉，以水和酒也"。玄谓"凉，今寒粥，若糗饭杂水也。酒正不辨水凉者，无厚薄之齐"。

鹤山先生曰："醫于美、于计二反今当从醫。古注、《释文》《正义》皆相承作醫。后郑"从酒郑"此三字恐当作"酒正"二字。注失"醫"字之失"字"字从殴从西省也。疑先郑已误矣。

《丹铅录》

《酒正》辨四饮之物，二曰医。医音倚，或作醷音倚，和体酏为饮也。郑司农说《内则》浆、水、醷，音俱相近，文字不同，记者各异耳。

《丹铅录》

《淮南子》："东风至而酒湛溢。"李淳风《感应经》

"湛作泛"，其解云"按今酒初熟，瓮上澄清时，恒随日转，在旦则清者在东畔，午时在南，日落在西，夜半在子，恒随日所在也"。又春夏间在地窖下停春酒，在瓮上泛者，皆逐风而移，虽居深密，非风所至，而感召动之。

《丹铅录》

酒一作子与切。《孝经纬》曰："酒者，乳也，嘉谷之乳也。"张超《诮青衣赋》："东向长跽①，接狎欢酒。悉请诸灵，辟邪无主。"《参同契》法象歌："若蘗染为黄，似蓝成绿组。皮革煮成胶，麹蘗化为酒。"

《丹铅录》

《说文》："浆，酢也。"《周礼》："四饮之物，三曰浆。"《石氏星经》："酒醪，五齐之属，天文酒旗星主之。浆水，六清之属，天文天乳星主之。"《内则》所谓酒、浆，当有别也。酢，古音醋，言其有酸味也。《本草·玉石下品部》："浆水，味甘酸，微温，无毒，主调中引气，宣和强力，通关开胃，调理腑脏。粟米新熟白花者佳。煎令醋，止呕哕，白人肤体如缯帛，为其常用，故人不齿其功。"

按《楚辞·招魂》："臑鳖炮羔，有柘浆些。"《汉书》："泰尊柘浆"。唐宴进士有三勒浆，谓诃梨勒、庵摩勒、乌榄勒也。则浆不止用粟米尔。

---

① 跽（jì忌）：两膝着地，上身挺直。

《湘烟录》

郑畋《三勒浆诗》："卉醴陀花物外香，清浓标格胜椒浆"，注"仙经呼蜜为卉醴"。

《古今考》

《周礼·天官·酒正》"辨五齐才细反三酒"，注云"泛芳剑反齐，泛者，成而滓浮，泛泛然，如今宜成醪矣。醴齐，醴，犹体也，成而汁滓相将，如今恬酒矣。盎乌浪反齐，盎，犹翁也，翁，鸣动反，一音于勇反。成而翁翁然，葱白色，如今酂白矣。酂，宜作醆。醆，才何反。缇音体齐，缇者，成而红赤，如今下酒矣。沈齐，沈者，成而滓沉，如今造清矣。自醴以上尤浊，缩酌者，盎以下差清。其象类则，然古之法式未可尽闻"。杜子春读齐曰粢。又《礼器》曰"醴酒之用。玄酒之尚。"玄谓"齐者，每有祭祀，凡以度量节作之"。事酒，郑司农云"有事而饮也"，玄谓"事酒，酌有事者之酒，其酒则今之醳酒也。醳音亦。"徐音昔。昔酒，司农云"无事而饮也"，玄谓"今之酋久白酒，所谓旧醳者也"。清酒，司农云"祭祀之酒"，玄谓"今中山冬酿，接夏而成"。

《正义》曰：五齐皆言成者，谓酒熟曰成。云"如今宜成醪"者，宜成，说以为地名，故曹植《酒赋》曰："宜成醴醪，苍梧缥清"。若马融所云"今之宜成，会稽稻米清"，似宜成以为酒名，故刘杳《要雅》亦以宜成为酒名。二者未知孰是。今郑云"宜成醪矣"，未知郑意酒名、地名。类下、酂白，则为萧何所封，南阳地名。下酒，谓糟床下酒，其色红赤，故以缇名之，按郑下注："五伯缇衣"，亦赤黑色也。汉时造清，熟则滓沈，故以况沈齐也。"自醴以上尤浊，缩酌者"，以茅缩酌，谓以茅沛之，故《司尊彝》云"醴齐缩酌"。"盎以下差清"，清不用茅，故云"盎齐涗酢酌"，"涗，清也"。五者皆举汉法况文。昔酒对事酒为清，若对清酒则为白，故曰"酉久白酒"也。酒敦曰酉，酉者久远之称，故《月令》名酒官为大酉，于《周礼》则为酒人。中山，郡名，故《魏都赋》云："醇酎山中，沉湎千日"。

紫阳方氏[1]曰：周之五齐三酒，汉近古犹可引类方比。如今恬酒之恬，恐只是甜字。《韵书》注："甜，甘也，美也。"《楚元王交传》"穆生设醴"，注"醴，甘酒也。少麹多米，一宿而熟，不齐之"。则汉之醴酒，与周之醴齐已自不同。似乎后世五齐三酒之法，皆不可考。今之煮酒，实则蒸，泥之季冬者佳，曰清酒。则未蒸者，用清水白蘖麹，曰白酒。用诸药蓼汁为麹易成，曰茅柴酒。曰红酒，酿米为红麹。记得蜀人有醪子酒，小瓶倾少许，以汤和饮。今之造酒，其米曰秫，曰糯。《月令》"秫稻必齐"是也。粟有糯，亦可酿。而古五齐，皆用秬黍[2]，则三酒亦然。秬黍之中，又以一稃二米者为鬯酒，在《月令》始云秫稻，又谓之谷粟之黏者。酒以地名，则如乌程、若下之类。宜成或非地名，或任意夸酒美名。近世思堂春，高

---

① 方氏：即方回（1227－1305），字万里，号虚谷，元徽州歙县（今安徽）人。有《续古今考》。

② 秬（jù巨）黍：黑黍。

庙之堂也；玉练搥，美之如玉也；羊羔白，如其色也。静江府酒尤佳。

《名义考》

《记》曰："郁合鬯臭。"先儒谓捣郁金香草之汁，和合鬯酒。按《本草》郁金无定识，尝考达磨《俱含论》"郁金，树名，出罽宾国①，花黄色，压汁为香"。窃恐周以前，罽宾未通，中国先王不宝远物，亦何取郁金也？盖郁非草，乃草之舂筑，犹鬯非酒，乃酒之条达。《说文》郁作鬱②，"芳草也。十叶为贯，百廿③贯筑以煮之为郁"。故其字从凵从缶。又曰"百草之华，远方郁人所贡"，则郁乃合众香草舂筑之，故曰郁。郁人亦以是得名。以是郁和酒，其气条达，故曰鬯。众香草薰兰萧艾之属皆备也，故曰百草之华。《王度记》："天子以鬯，诸侯以薰，大夫以兰芝，士以萧，庶人以艾。"诸侯以下各一物，天子备物耳。《礼记》释"郁鬯"，误引郁金；《本草》释"郁金"，误引郁鬯，于是交乱矣。《埤雅·释草》至以鬯亦为草名，非甚。

《疑耀》

古者酿酒以黑黍为上，其色必黑，祭祀用郁草和之者，以郁草黄色，故酒色黄而且香。《诗》所谓"黄流在

---

① 罽（jì忌）宾国：汉朝时西域国名，位于印度北部。今喀什米尔一带。

② 鬱：原作"鬱"，据《说文》改。

③ 廿：原作"卅"，据《周礼注疏》卷十九《春官·郁人》郑玄注及《艺文类聚》卷八十一改。

中"，以其酒色黄而且流动也。今又乃以黄色为酒品之恶者，与古异矣。又绝无以郁草和酒，岂其法不传耶？若酒之不和以郁者，又名为鬯，是黑黍之酒即鬯也。若加以郁，乃名郁耳。《说文》解鬯字，乃云以秬酿郁草，是鬯亦可以兼郁。自郁与鬯对言之，则当致其辩耳。

《演繁露》

汉八月饮酎。说者曰："酎，正月酿，八月成。"许叔重曰："八月黍成，可为酎酒。"酎，三重醇酒也。二说不同，然酒固有久醐①者，恐八易月乃成，期太迂远，当以黍成可酿为是。黍既登熟，三重酿之，八月一月可办也。

《天中记》

汉制：宗庙八月饮酎，用九酝太牢，皇帝侍祠。以正月旦作酒，八月成，名曰酎。一曰九酝，一名醇酎。张晏曰："正月旦作酒，八月成，名曰酎。酎之言纯也。"师古曰："酎，三重酿醇酒，味厚，故以荐宗庙。"

《诗名物疏》

《周礼》五齐之名"二曰醴齐"。注"醴，犹体也，成而汁滓相将，如今甜酒矣"。《韩诗说》："醴，甜而不泲也。"《说文》："酒一宿熟也。"孔疏云："醴不可专饮，天子于群臣不徒设醴而已。"《左传》："天子飨诸侯，每言飨醴命之宥。"是飨醴者，天子饮酒之敬，故举醴言之。

---

① 醐：当作"醹"，同"醇"。

《辨物志》

《明堂位》云："殷尚醴，周尚酒。"酒醴一也，而殷周异尚何？醴，甘酒也，少麹多米，一宿而熟。盖仪狄始造酒，殷去夏近，九酝之方未备，故用醴者，荐时尚也。《周礼·浆人》《酒正》，酒法大备，故周用酒者，崇时物也。

《余氏辨林》

鲁元王为穆生设醴酒，后醴酒不设，穆生去。皆谓醴酒醇酒也。夫醇酒，亦易办之物，何设不设关贤士之去留？考《说文》："一宿熟曰醴。"夫为一人而日劳酝酿，其敬可知。不设则敬衰，故去。

《史通注》

《庄子》"鲁酒薄而邯郸围"，郭象注："楚宣王朝诸侯，鲁恭公后至而酒薄。宣王怒，欲辱之。恭公不受命，宣王乃发兵，与齐攻鲁。梁惠王常欲击赵，而畏楚救赵，楚以鲁为事，故梁得围邯郸"，言事相由也。又《淮南子》"鲁酒薄而邯郸围"，许慎注"楚会诸侯，鲁赵俱献酒于楚王，鲁酒薄而赵酒厚，或易鲁薄酒奏之，楚王以赵酒薄，故围邯郸也"。二注不同。

《说略》

今人名酝之漓薄者为鲁酒，则以为出《庄子》"鲁酒薄而邯郸围"之义，不知其所谓。盖古也昔者鲁人不能为酒，惟中山之人善酿，酒之美者，醉人至千日焉。鲁人求其方不得，有仕于中山者，至酒家取其糟归，以鲁水渍之，谓人曰："中山之酒也。"鲁人饮之皆信。一日，中山之酒主来，闻有酒，索而饮之，吐而笑曰："斯予之糟液也，奚其酒？"

《道山清话》

朱康叔送酒与子瞻，子瞻以简谢之云："酒甚佳，必是故人特遣下厅也。"盖俗谓主者自饮之酒为不出库耳。

《野客丛书》

徐彭年《家范》："其子问人：称酒为青州从事①，谓何？曰：《湘江野录》云昔青州从事善造酒，故云。"仆考《世说》与此说不同："桓公有主簿善别酒，好者谓青州从事，恶者谓平原督邮②。"盖青州有齐郡，平原有鬲县，言好酒下脐，而恶酒在膈上住也。从事美官而督邮贱职，故取以为喻。

《五杂俎》

青州从事，向擅声称，今所传者，色味殊劣，不胜平原督邮也。然从事之名，因青州有齐郡，借以为名耳。今遂以青州酒当之，恐非作者本意。

《老学庵笔记》

晋人所谓见何次道，令人欲倾家酿，犹云欲倾竭家资

---

① 从事：官名。汉以后三公及州郡长官皆自辟僚属，多以从事为称。
② 督邮：官名。汉置，郡的重要属吏，代表太守督察县乡，宣达教令，兼司狱讼捕亡。

以酿酒饮之也。故鲁直云"欲倾家以继酌"，韩文公借以作《篸诗》云"有卖直欲倾家资"，王平父《谢先大父赠篸》诗亦云"倾家何计效韩公"，皆得晋人本意。至朱行中舍人有句云："相逢尽欲倾家酿，久客谁能散橐金①。"用家酿对橐金，非也。

《阅耕馀录》

《水经注》："刘堕宿擅工酿，采挹河流，酝成芳酎，别调氛氲，自成馨逸。"酒称"别调"，从古未闻。

《西溪丛话》

酒谓之欢伯。焦贡《易林坎之兑》《遁之未济》辞云："酒为欢伯，除忧来乐，福喜入门，与君相索。"伯音博，协音也。王琪君玉《金陵饮酒诗》云："蜀江雪浪来天际，一派泉春宝钗碎。"盖谓水碓舂金钗糯也。金钗乃糯米之名。诗载荆公集中，非是。

《阅耕馀录》

酒能销忧，故曰欢伯。亦能乱性，故曰祸泉。

《丹铅录》

《孝经纬》曰："酒者，乳也。"梁张率《对酒诗》"如花良可贵，似乳更堪珍"，杜子美诗"山城乳酒下青云"，本此。酒，乳也，所以养老寿也。天有酒旗，星垣在柳。乳，忍九切。

---

① 橐（tuó 驼）金：囊中之金。

《林下偶谈》

饮酒谓之食酒。《于定国传》："定国食酒至数石，不乱。"如淳曰："食酒，犹言喜酒。"师古曰："若依如氏之说，食字当音嗜。此说非也。食酒者，谓能多饮，费尽其酒，犹云食言焉。今流俗书辄改食字作饮字，失其真也。"然食酒至数石不乱，可谓善饮，古今所罕有也。柳子厚《序饮》亦云："吾病痞不能食酒，至是醉焉。"

《娱书堂诗话》

东坡谓晨饮为浇书，李黄门谓午睡为摊饭。陆务观尝有绝句云："浇书满挹浮蛆瓮瓮同，摊饭横眠梦蝶床。莫笑山翁见机晚，也胜朝侍一生忙。"

《古今考》

《仪礼》郑注："酳，犹饮也。既食之，而又饮之，所以乐之。"今按，此《少牢馈食礼》注文。"酳，犹饮也"，饮字当作羡。贾公彦疏云："羡者，取饶羡之义，故以为乐之也。"《特牲馈食礼》云："主人洗角，升酳，酳尸①"，郑注云"犹衍也。尸既卒食，又却颐衍养乐之"。《士昏礼》云"酳酳主人"，郑注云"酳，漱也。酳之言演也，安也。漱所以洁口，且演安其所食"。贾公彦云："三注不同者，文有详略，相兼乃具。《士虞》亦是'酳尸'，注直云'酳，安食也'，不言养乐及羡者，丧故略之。"酳音胤，又士刃反。郑云："古文酳作酌。"悦刃反。《韵书》注："漱也，续酒也。"似乎食礼之三饮，漱其口也。而此似乎漱宾之口，

---

① 酳（yìn 印）尸：古代祭礼。尸，代表受祭者的活人。尸食毕，主人献酒使少饮或漱口。

实饮之酒也。

《隽言》

《叙传》：“皆引满举白，谈关古笑字大噱其略反。”服虔曰：“举满杯有馀白沥者，罚之也。”孟康曰：“举白见验，饮酒尽不也。”师古曰：“谓饮取满辄而饮，饮讫举觥，告曰尽不也。一说白者，罚爵之名也。饮酒不尽者，则以此爵罚之。魏文侯与大夫饮酒，令曰：‘不釂[1]者浮以大白。’于是公乘不仁举白浮君是也。”

《侯鲭录》

金陵人谓中酒曰酒恶，则知李后主诗云“酒恶时拈花蕊嗅”，用乡人语也。

《读史订疑》

中酒二字，始见[2]《徐邈传》“中圣人”，义如中著之中，而音反从平声。《樊哙传》：“项羽既飨军士，中酒。”颜注云：“饮酒之中也，不醉不醒，故谓之中。”义宜从平声，而音乃竹仲切，何也？亦犹中兴之中，音同“竹仲”耶？按中酒二字，来历之古，无如《哙传》，而义乃别取，不为后人语柄，余故标而出之。

《丹铅录》

酩酊，醉貌。《晋·山简传》及《世说》皆作茗艼，

① 釂（jiào 叫）：原作“酢”，据《说郛》卷九十四及《太平御览》卷四〇五改。干杯。
② 中酒二字始见：此下原衍“于”字，据《带经堂诗话》卷十六、王世祯《池北偶谈》卷十二引王世懋文集及文义删。

盖假借字也。又简文帝曰："刘尹茗仃有实理。"茗仃，亦茗艼也。今本一作茗柯，于义不贯。焦竑曰："按《晋书》作酩酊，此云茗艼，误。"

《鹤山雅言》

《周礼》："膳夫掌王之食饮膳羞，以养王及后、世子。"读六经只当用古礼看。古无饮酒礼，只有乡饮酒，献酬之外，饮无算。其他，饮止有酳。古者执酱而馈，执爵而酳。酳谓漱也。又师古云："荡口也。"古人无饮一杯过一品食之事，只是连饮荐脯醢而已。若用食礼，燕客只食，末后用酒嗽口，名酳。颜师古注："酳，谓荡口。"又《曲礼》"主人未辩，客不虚口"，注"虚口，谓酳也"。音胤，又士觐切，漱口也。以酒曰酳，以水曰漱。

《鹤山雅言》

《诗》："有酒湑①我，无酒酤我。"毛谓"一宿酒曰酤"，郑谓"酤酒"。非三代无酤酒者，酤酒市脯，亦谓一宿酒。康成直谓榷酤之酤，失经意。

---

① 湑（xǔ 许）：赠送。

卷六　酒醴类下

《酒谱》

《西京杂记》有"漂玉酒"，而不著其说。枚乘赋云"尊盈漂玉之酒，爵献金浆之醪"，注云"梁人作落蔗酒，名金浆"，不释漂玉之义。然此赋亦非乘之辞，后人假附之耳。《舆地志》云："村人取若下水以酿而极美，故世传若下酒。"按《吴录》："长城有若溪，南曰上若，北曰下若。村人取若下水酿酒，醇美胜云阳。"张协作《七命》云："荆南乌程，豫章竹叶。"乌程于九州属扬州，而言荆州，未详。今按：乌程有二，俱有名酒，非专指吴兴也。《吴地理志》云："吴兴乌程县酒有名。"又盛弘之《荆州记》云："渌水出豫章康乐县，其间乌程乡有酒官，取水为酒，酒极甘美，与湘东酃湖酒年常献之，世称酃渌酒。"西汉尤重上尊酒，以赐近臣，注云"糯米为上尊，稷为中尊，粟为下尊"。颜籀曰："此说非是。酒以醇醨乃分上中下之名，非因米也。稷粟同物，而分为二，大缪矣。"《抱朴子》所谓玄邕者，醇酒也。

《艺苑雌黄》

张景阳《七命》云："乃有荆南乌程，豫北竹叶。"说者以荆南为荆州，然乌程县今在湖州，与荆州相去甚远。惟长兴县南五十步有箬溪，夹溪悉生箭箬①，南岸曰上箬，北岸曰下箬。居人取下箬水酿酒，醇美，俗称箬下酒。刘

---

① 箭箬：箬竹。秆匀细而节长，中空极小，可以制筷。叶片宽大，可以裹粽和制船篷。

梦得诗"骆驼桥畔苹风起，鹦鹉杯中箬下春"，即此也。荆溪在县南六十里，以其水出荆山，因名之。张玄之《山墟名》云："昔汉荆王贾登山，因以为名。"所谓荆南乌程，荆溪之南耳。若以为荆州，则乌程去荆州三千馀里，封壤大不相接矣。

《苕溪渔隐丛话》

余以《湖州图经》考之，乌程县以古有乌氏、程氏居此，能酒，因此名焉。其荆溪则在长兴县西南六十里，此溪出荆山。张协《七命》云："酒则荆南乌程。"荆南则此荆溪之南也。《艺苑雌黄》引"长兴县南五十步箬溪水酿酒，醇美，称箬下酒"以为乌程酒，及以梦得诗为证，皆误矣。

《酒谱》

房千里《投荒录》云："南方人有女数岁即大酿酒，候陂水竭，置壶其中，密固其上。候女将嫁，决水取之供客，谓之女酒。味绝美，居常不可致也。"

《宛委馀编》

名酒最古者，关中之桑落。《水经注》："蒲坂，刘白堕所造，成于桑落之候，反语谓之索郎。"《后史补》云："河中桑落，坊水所造也。"《魏书》："汝南王元悦以桑落酒饷元乂，极其媚谀。"庾信《索酒诗》有"蒲城桑落酒"，杜甫亦云"坐开桑落酒"，至张谓有"不醉郎中桑落酒，教人无奈别离何"。

《酒谱》

皮日休诗云："明朝有酒充君信，醹酒①三瓶寄夜航。"醹酒，江外酒名。亦见沈约文集。

《酒谱》

张籍诗云："酿酒爱干和。"即今人不入水酒也。并汾间以为贵品，名之曰干酢音诈酒。《留青日札》云"后周给逍遥公韦敻河东酒"，即此。

《酒谱》

宋之问诗云："尊溢宜城酒，笙裁曲沃匏。"宜城在襄阳，古之罗国也，酒之名最古，于今不废。唐人言酒之美者，有郢之富水，荥阳土窟春，富平②石冻春，剑南烧春，河东丁和、蒲桃③，岭南灵溪，博罗、宜城九酝，浔阳溢水，京西市腔④、虾蟆陵，其事见《国史补⑤》。又有浮蚁、榴花诸美酒，杂见于传记者甚众。

《侯鲭录》

幾头酒，山东风俗，新沐讫饮酒，谓之幾头。颜师古云："字当为禨⑥，音机。禨，谓福祥也。"按《礼》云

---

① 醹（shěn 审）酒：一种可以治病的甜酒。
② 平：此字原无，据《国史补》卷下及《太平广记》卷二三三改。
③ 蒲桃：原作"蒲东桃博"，据《国史补》卷下及《太平广记》卷二三三改。
④ 腔：原作"空"，据《国史补》卷下及《太平广记》卷二三三改。
⑤ 补：原作"谱"。《说郛》卷九十四上引《酒谱》同。按上引文字，出自唐李肇《国史补》卷下，据改。
⑥ 禨（jī 机）：吉凶的预兆。

"沐稷而靧①粱，发晞用象栉。进禨②进羞，工乃升歌"，郑康成注云"沐靧必进禨，作乐盈气也。此谓新沐靧体，故更进饮食而作乐，以自辅助致福禄也"。此古之遗法乎？

《名义考》

《释名》酒有泛齐，"泛齐者，若浮蚁在上，泛泛然。"盖酒之美者，其上有华，其色绿，斟则泛泛然，浮于杯间也。"

《集览》

醨酒，章怀太子曰："醨犹滤也。"《诗·伐木篇》"醨酒有藇"，注"以筐曰醨，以籆曰湑③"。醨，徐音所宜反，葛洪音所寄反，谓以筐④盝⑤酒。

《丹铅录》

琬液、琼苏皆古酒名，见《醉乡日月》。

《酒谱》

《周官》："萍氏掌几酒，谓之萍。"古无其说。按《本草》"述水萍之功"，云能胜酒萍之意，其取于此乎？

《奚囊橘柚》

糜钦枣，出真陵之山，食一枚，大醉经年不醒。东方

---

① 靧（huì 会）：洗脸。
② 禨（jì 计）：原作"机"，据《礼记集说》卷七十四及《六书故》卷三改。指洗头后所饮的酒。
③ 湑（xǔ 许）：清酒。
④ 筐（fěi 匪）：圆形的盛物竹器。
⑤ 盝（lù 录）：过滤。

朔尝游其地，以一斛归进上。上和诸香作丸，大若芥子。每集群臣，取一丸入水一石，顷刻成酒，味踰醇醪，谓之糜酒，又谓之真陵酒，又谓之仙芗酒，饮者香经月不歇。

《续本事诗》

白乐天云：“羌管吹杨柳，燕姬酌葡萄。”谓太原出葡萄酒也。然此乃律诗，用平声读则太不律，用侧声读则近俗耳。

《馀冬序录》

老杜诗：“黄羊饫不膻，芦酒多还醉。”宋人解云：“黄羊出关右塞上，无角，类獐鹿。夷人所造酒，荻管吸瓶中，故曰芦酒也。”春[①]按，今陕西近蕃地，皆有黄羊，大如数岁羝，而角甚长。西地羊角皆拳曲，黄羊独与江南同，而生顺后，其肉肥美，膏黄厚而不膻。川中人造酒，荻管吸瓶，信然。陕以西人则高盆贮糟，饮时量多少注水盆中，窍盆吸之，水尽酒干，谓之琐力麻酒，又曰杂麻酒，即芦酒之遗制也。宋人之所见者，岂未详耶？

《丹铅录》

杜诗：“黄羊饫不膻，芦酒多还醉。”芦酒以芦为筒，吸而饮之，今之咂酒也，又名钓藤酒。酒以火成，不榨不篘，两缶西东以吸取。今云炉酒，当是笔误。

---

① 春：何孟春（1474—1536），字子元，人称燕泉先生，明湖广郴州（今湖南郴州）人。弘治六年（1493）进士，官至工部、吏部侍郎。著有《何文简疏议》《馀冬序录》《何燕泉诗》等。

《演繁露》

今人谓公库酒为兵厨酒，言公库之酒，因犒军而酝也。太守正厅为设厅，公厨为设厨，皆以此也。汉有步兵校尉，掌上林苑屯兵。晋阮籍闻步兵厨营人善酿，有贮酒三百斛，乃求为之，则亦兵厨之祖也。

《酒谱》

王子年《拾遗记》："张华为酒，煮三薇以渍麹。蘗出西羌，麹出北胡，以酿酒，得美淳卤，久含令人齿动。若大醉，不摇荡，使人肝肠烂，俗谓消肠酒。或云酒可为长宵之乐。两说声同而事异也。"

《酒谱》

王莽以腊日献椒酒于平帝，其屠苏①之渐乎？今人元日饮屠苏酒，云可以辞②瘟气，亦曰蓝尾酒。或以年高最后饮之，故有尾之义尔。一云屠，割也，苏，腐也。

《酒谱》

任昉尝谓刘杳曰："酒有千日，当是虚言。"杳曰："桂阳程乡有千日酒，饮之至家而醉，亦其例。"昉大惊，乃自出杨元凤所撰置郡事，检之而信。又尝有人遗昉栚酒者，刘杳为辨其栚③字之误。栚音阵，木名，其汁可以为酒。

---

① 屠苏：亦作"屠酥"，药酒名。古代于农历正月初一饮屠苏酒。
② 辞：《四库全书》本作"除"。
③ 栚（zhèn 震）：木名。汁可作酒。也作"橵"。

《留青日札》

黄酒，皇甫子奇以色如金而味醇且苦者，名之曰酒贤。张九龄诗："玉碗才倾黄蜜剖。"杜甫云："鹅儿黄似酒。"又云："对酒爱新鹅。"苏轼云："大杓泻鹅黄。"

《留青日札》

绿酒，《南岳夫人传》："设王子乔琼苏绿酒。"李诗："遥观汉水鸭头绿，恰似葡萄初泼醅。"白乐天云："倾如竹叶杯中绿。"秦少游云："翡翠侧身窥绿酒。"苏子瞻云："小舟浮鸭绿。"至杨廷秀乃云："瓮头鸭绿变鹅黄。"

《吴兴掌故》

湖人好饮白酒，暑中煮熟，或入竹叶，或荷叶，名为碧香清。东坡有《送碧香酒》诗云："碧香近出帝子家，鹅儿破壳酥流盎。"岂坡用此法为白酒破荒耶？古人名酒为白堕，只白酒也。

《留青日札》

谢公楼一名红泥酒，在汀州。张曲江诗："谢公楼上好醇酒，二百青蚨①买一斗。"坛用红泥。

《留青日札》

霹雳酎，暑月大雷时收雨水，淘米炊饭酿酒。丑未觞。南唐法用牛酥、羊髓置醇酒中，暖消而后饮。

---

①　青蚨：一种虫，形似蝉而稍大，取其子，母必飞来。传说以母青蚨或子青蚨的血涂钱，钱用出去还会回来。见晋干宝《搜神记》卷十三。后用以代称钱。

《留青日札》

刘孝标云："松子玉浆，卫卿云液。"苏子《谢送酒》诗："扬州云液却如酥。"又云："花前白酒倾云液。"

《留青日札》

李太白好饮玉浮梁，谓浮蛆，酒脂也。《浦阳月泉吟社诗》："山歌聒耳乌盐角，村酒柔情玉练槌。"今按：此义乌陈舜道诗也。山歌聒耳，今本作"村声荡耳"，村酒，作"社酒"。

《说楛》

太白好饮玉浮梁，盖浮蛆也。山谷诗"浮蛆翁翁动春醅"，又"梢①头红糁杏花发，瓮面浮蛆酒齐消。"赵松雪诗"春酒带蛆浮大白，霜柑落手破轻红。"余谓玉浮梁可对金蜡面。

《留青日札》

黄庭坚诗："浮蛆翁翁杯里滑，坐想康成轮泛盎。"翁，上声，酒成而翁翁然，葱白色也。

《留青日札》

桐马酒，汉给大官以马乳为酒，采桐叶时乃成。李奇曰："汉武有桐马官作酒。桐合作挏，音动，推引也。韦革为皮兜，受数斗，盛马乳，撞挏之。"

《野客丛书》

都下有银瓮酒库，或问何谓？仆考《瑞应图》"王者

---

① 梢：原作"稍"，据《四库全书》本及《山谷集·外集》卷十三改。

宴不及醉，则银瓮呈祥"，盖取此意。真州郡斋旧有酒名，谓之花露，人亦莫晓。仆读姚合诗"味轻花上露，色似洞中泉"，得非取此乎？又太真妃宿酒初消，吸花露以润肺，见《开元遗事》。

《桐薪》

酃渌[①]，湘东地名，其水湛然绿色，昔有酿家取以造酒，因名为酃渌酒。后人遂易其字为醽云。按《吴录》曰："湘东有酃水酒。"西晋张载[②]撰《酃酒赋》："长安春御，乐浪夏设。"未闻珍酒出于湘东。左思撰《吴都赋》："飞琼觞而酌酃醁。"然汉人邹阳于梁园席上赋酒，便有渌酃之目，其来久矣。往年遇一方士，传授古酃醁酒方，以金盐、鼠蓂二味为君，采四季花阴干，和入其中，蒸作饭，糅以粉麹，汲甘泉酿之，半月而成，其色绿莹殊凡，不特芬香酷烈而已。花皆有名目，惜未之试也。

《辨物志》

《吴都赋》云"飞轻觞而酌醽渌"，李贺诗"醽醁今夕酒"，皆酃渌并称。按衡阳县东南有酃湖，取此水酿酒，所谓酃酒。豫章康乐县有渌水，乌程乡酒官取水为酒，味亦甘美，所谓渌酒也。酃、渌本二，而诗赋并举者，以豫章旧属荆州，衡阳亦属荆楚，其产地同，酃、渌岁献，其常贡又同也。然初名酃渌，后名醽醁何？酃、渌言其地

---

① 酃渌（líng lù 灵录）：地名，指湘东一带。
② 张载：字孟阳，西晋安平（今河北安平）人。原作"张戴"，据《艺文类聚》卷七十二及《初学记》卷二十六引张载《酃酒赋》改。

也，地产美酒，后专以酒名，故曰醽、醁云。

《龙城录》

魏左相徵能治酒，有名曰醽渌、翠涛。常以大金罂内贮盛十年，饮不歇。其味即世所未有。太宗文皇帝尝有诗赐公称："醽渌胜兰生，翠涛过玉薤。千日醉不醒，十年味不败。"兰生，即汉武百味旨酒也。玉薤，炀帝酒名。公此酒，本学酿于西胡人，岂非得大宛之法，司马迁所谓"富人藏万石葡萄酒，数十岁不败"者乎？

《天中记》

《资暇集》云："黄巾馀党起西河白波谷，汉既擒白波，戮之如卷席然，故酒席仿之，以快人情也。"《青缃杂记》曰："杯名。"《文选》："飞觞举白。"盖卷白上之酒波耳。薛莹《后汉书》曰："黄巾[1]郭太等起于西河白波谷，时谓之白波贼。"

《听雨纪谈》

《诗》"无酒酤我"，郑康成训沽[2]为榷沽之沽。毛氏注谓"一宿酒曰沽"。盖三代无沽酒者，至汉武帝时方有。榷沽似一宿酒为是。

《东坡诗话》

韩退之诗曰："百年未满不得死，且可勤买抛青春。"

---

① 黄巾：据《后汉书》卷八及唐李吉甫《元和郡县图志》卷十四"绛州太平县"条改。

② 沽：通"酤"，买。多指买酒。

《国史补》云："酒有郢之富春、乌程之若下春、荥阳之土窟春、富平之石冻春、剑南之烧春。"杜子美亦云："闻道云安麹米春，才倾一盏便醺人。"近世裴铏作《传奇》，记裴航事，亦有酒名松醪春。乃知唐人名酒多以春，则抛青春亦必酒名也。

《野客丛书》

东坡云："唐人名酒多以春名。退之诗'勤买抛青春'。《国史补》注：'荥阳土窟春、富平石冻春、剑南烧春'。子美诗'云安麹米春'。"仆观郑谷《赠富平宰诗》曰："易博连宵醉，千缸石冻春。"知富平石冻春，信矣。观白乐天诗有"青旗沽酒听梨花"之句，注："杭人其俗酿酒，听梨花时熟，号为梨花春，是又有梨花春之名。"李白诗："瓮中百斛金陵春。"刘梦得诗："鹦鹉杯中若下春。"

《阅耕馀录》

唐人名酒以春，义取《诗》之春酒，如土窟春、石梁春、娄尾春之类是也。李白《哭善酿纪叟》诗云："纪叟黄泉里，还应酿老春。"

《珊瑚钩诗话》

酒有若下，谓乌程也；九酝，谓宜城也；千日，中山也；蒲桃，西凉也；竹叶，豫北也；土窟春，荥阳也；石冻春，富平也；烧春，剑南也；桑落，陕右也。乌孙国有青田核，莫知其木与实，而核如五六斤瓠，空之盛水，俄而成酒。刘章曾得二焉，集宾设之，一核才尽，一核又熟，可供二十客，名曰青田壶。历城北有使君林，魏正始中，郑公愨三伏避暑于此，取大莲叶置砚格上，盛酒三升，以簪刺同刺叶，令酒与柄通，屈茎吸之，香气清洌，名曰碧筒酒。予诗曰："酿忆青田核，觞宜碧藕筒。直须千日醉，莫放一杯空。"近时以黄柑酝酒，号洞庭春色；以糯米药麹作白醪，号玉友，皆奇绝者耳。

《韵语阳秋》

酒之种类多矣，有以绿为贵者，白乐天所谓"倾如竹叶盈尊绿"是也。有以黄为贵者，老杜所谓"鹅儿黄似酒"是也。有以白为贵者，乐天所谓"玉液黄金卮①"是也。有以碧为贵者，老杜所谓"重碧酤新酒"是也。有以红为贵者，李贺所谓"小槽酒滴珍珠红"是也。今闽广间所酿酒，谓之红酒，其色殆类胭脂。《酉阳杂俎》载："贾璇家苍头能别水，常乘小艇于黄河中，以瓠瓟②音薄，小瓜也。接河源水以酿酒，经宿色如绛，名为昆仑觞，是又红酒之尤也。"

《锦里新闻》

郫人刳大竹，倾春酿于中，号郫筒酒。川中至今以占米或黍七分、高粱三分，以五加尖酿之。

《集览》

魏主赐崔浩御缥醪十觚。缥，匹沼反。醪，汁滓酒

---

① 卮（zhī支）：同"卮"。古代酒器。
② 瓠瓟（hù bó 户博）：一种小瓜，可做饮具。

也。杜甫诗"重碧拈春酒",注引曹子建《七启》云"春酒缥酒",注"缥,深碧色。缥当作醥,酒清者曰醥"。左思《蜀都赋》:"觞以醥清,一醉累月。"

《霏雪录》

松叶可酿酒,唐人诗云"松叶堪为酒,春来酿几多"是也。松花亦可酿,王建《寄独孤少府》云"自看和酿一依方,缘着松花色较黄"是也。

黄常明曰:"碧溪①人以藤代葛酒,名钩藤,俗传他处即不可用。或谓但酝造之法异耳,所在皆可。"乐天诗云"闲拈旧叶题新咏,闷取藤枝引酒尝"。是巴蜀亦有之。

《碧湖杂记》

杜诗云:"坐开桑落酒,来把菊花枝。"按《齐民要术》造酒门有桑落酒、神麹酒,其名不一。又云"桑欲落时造黍米酒,可得永年。造神麹酒,春秋二时造者,皆得过夏。然桑落时作者,乃胜于春天",有造桑落酒麹法。老杜或本诸此,所谓桑落酒者,恐未必然。

《留青日札》

桑落,河中坊井名,桑落时,取其水酿酒。庾信诗:"蒲城桑落酒。"或以为桑郎,又讹为索郎。又曰"羌中桑落河马乳酒"。《湘烟录》"《琅环记》:试莺家多美酿,试莺不善饮,时为宋迁索取。试莺恒曰:此岂为某设哉?只当索与郎耳。因名酒曰索郎。后人谓索郎为桑落,反音亦偶合也,恐非本指。"

---

① 碧溪:古称夹漈村。位于福建莆田县新县镇西南部。

《代醉编》

刘白堕善酿，酒熟于桑落之辰，因名桑落酒。或曰以桑落河名之也，后人乃讹为索郎。《王子年拾遗记》云："武帝思李夫人不止，从者乃进洪梁之酒，酌以文螺之卮。"卮出波祇之国①，酒出洪梁之县。今言云阳出美酒，两声相乱矣。

《集览》

桑落酒，《齐民要术》曰："桑落酒法，用九月九日作水，麹米皆以三斗为准。"案庾信《就蒲州刺史乞酒诗》云"蒲城桑落酒，霸岸菊花秋。愿持河朔饮，分劝东陵侯"，则桑落酒出蒲中也。又《水经》"蒲阪"下注："郡民有刘白堕工酿，采挹河流，酝成芳酎，熟于桑落之辰，故酒因名焉。王公庶人牵拂相招者，每云索郎，有愿思同旅②之语，盖索郎反语桑落耳。"郑印曰："西羌桑落河，出马乳酒，羌人兼葡萄压之。晋宣帝时尝来献，故九日赐百僚饮焉。"

《弹雅》

桑落、索郎，并是名酒，一是酒法，一是方言，以其南北转浑，强合一名耳。因戏题云："桑落携名酒，行人唤索郎。何如拚一醉，颠倒著衣裳。"

---

① 波祇之国：即波斯。今伊朗一带。
② 旅：原作"侣"，据《云麓漫抄》卷五、《广博物志》卷四十一引及《通雅》卷三十九引《水经注》改。

《余氏辨林》

《魏书》："王悦以桑落酒饮元乂。"《世说》庾信诗"蒲城桑落酒①"。杜甫诗"坐开桑落酒"。张谓诗"不醉郎中桑落酒"。有解云："庐山有桑落洲，故酒因地而名，犹若下、巴清、宜城、中山之类。"及按《水经注》云"蒲坂，刘白堕酝酿，排于桑落之辰"，《续古今注》亦云"酒美于桑落之时"，《齐民要术》亦云"酿桑落酒，亦以九月"，《史补》亦云"河中桑落坊有井，每至桑落时，取其水以酿酒"。则知桑落以时而名之也。

《六研斋笔记》

桑寄生与蚕沙入酒，极佳。原酒之始，实本于桑。按晋江统作《酒诰》曰："酒之所兴，肇自上皇。或云仪狄，一曰杜康。有饭不尽，委馀空桑。郁积生味，久蓄气芳。本出于此，不繇奇方。"朱翼中著《北山酒经》三卷，曰："古语有之，空桑秽饭，酝以稷麦，以成醇醪，酒之始也。"乌梅女䴷，甜醹九投，澄清百品，酒之终也。又道书载，中国极东濒海，有扶桑树，大数千里，掩蔽日月，每旦日从东南出地上，经过此树，谓之扶桑洲。树汁沦液入地，其土极美，产百谷蔬果，皆桑之精髓所化也。古仙人留《大丹诀》刊函谷关石上，有云："采于蚕食之先，炼于火化之后。"盖以桑为丹基耳。凡桑上生蕈与桑椹，皆为上药。䴷音桓。

---

① 庾……酒：此句并非出自《世说新语》，此当沿袭《天中记》卷四十四征引《世说》之误。

《嬾真子》

苏秀道中有地名五木，出佳酒，故人以五木名之。然白乐天为杭州太守日，有诗序云："钱湖州以箬①下酒，李苏州以五酘酒，相次寄到。"诗云："劳将箬下忘忧物，寄与江城爱酒翁。铛脚三州何处会，瓮头一盏几时同。倾如竹叶盈樽绿，饮作桃花上面红。莫怪殷勤最相忆，曾陪②西省与南宫。"仆尝以此问于仆之七舅氏，云："酘字与羖同意，乃今之羊羔儿酒也。详其诗意，当以五羔为之，以是酒名，故从西云。乐天诗云'竹叶盈樽绿'，谓箬下酒取竹有绿之意也。'桃花上面红'，谓五酘酒取桃花五叶也。后人不知，转其名为五木，盖失之矣。"仆检韵中酘字，乃窦同音，注云"重酿酒也"，恐酘难转而为木。

《梁溪漫志》

叙州本戎州也。老杜《戎州》诗云："重碧倾春酒，轻红擘荔枝。"今叙州公酝遂名以重碧。东坡在齐安，有"春江绿涨蒲萄醅"之句。靖康初元，韩子苍舍人驹作守，有旨添赐郡酿，因名其库曰蒲萄醅。仍有诗云："孤臣政术不堪论，尚得君王赐酒尊。父老异时传盛事，蒲萄醅熟记初元。"

《对问编》

尝观魏文诏群臣："葡萄，中国珍果，酿以为酒，甘

---

① 箬：原作"著"，据《全唐诗》卷四四三改。

② 陪：原作"倍"，《四库全书》本作"陪"，据《嬾真子》卷五改。

于麹蘖。"则种虽得之汉武，酿法实自魏文始。《唐史》①：
"太宗破高昌，收马乳葡萄，种之苑中，并得其法，损益
成酒，京师始识其味。"据史氏乃言唐初得之，何耶？传
至中叶，刘禹锡歌"酿之成美酒，令人饮不足"，此法历
唐不衰矣。《草木子》记葡萄酒，始于元，乃答剌古为之，
又何耶？何子元引张华《博物志》云："西域有之，至魏
时中国尚未有也。"又引金人元好问载刘光甫言："安邑多
葡萄，人不知其酿法。"岂其法良且艰？肇造于魏，而六
朝失之；中兴于唐，而五季失之；至元答剌古复作与？因
考异域酿法，高丽以秔火，琉球则妇人嚼米为之，犹然粒
食也。若苏禄以蔗，彭亨、占城、爪哇以椰，淳泥亦用之，
间有秫耳，去葡萄不远。何子元谓梨橘皆可酿，信有之。

《避暑录话》

《洛阳伽蓝记》载河东人刘白堕善酿酒，虽盛暑，曝
之日中，经旬不坏。今玉友之佳者，亦如是也。吾在蔡
州，每岁夏以其法造，寄京师亲旧，陆走七程，不少变。
又尝以饷范德孺于许昌，德孺爱之，藏其一壶忘饮，明年
夏复见，发视如新者。白堕酒，当时谓之鹤觞，谓其可千
里遗人，如鹤一飞千里。或曰骑驴酒，当是以驴载之而行
也。白堕乃人名，子瞻诗云"独看红蕖倾白堕"，恐难便
作酒用。吴下有馔鹅设客，用王逸少事，言"请食右军"，
传以为戏。倾白堕，得无与食右军为偶耶？按《伽蓝记》：

---

① 唐史：此下出自《太平御览》卷九七二引《唐书》，钱易《南部新
书》卷三所载略同。

"毛鸿宾①赍酒之蕃，路逢盗劫之，皆醉，因执之，乃名擒奸酒。"

《野客丛书》

宋子京曰："古人语有稚拙不可掩者。"《乐府》曰："何以消忧？惟有杜康。"仆观束皙赋"杜康咥②其胃"，乐天诗"杜康能解闷"，潘佑诗"直拟将心付杜康"，盖祖此意。文士有因其人名，遂为事用者，如东坡诗"独对红蕖倾白堕"。按《洛阳伽蓝记》"白堕春醪"，自是造酒者。江东人姓刘名白堕，或谓因其能造酒，遂为酒名。又近时称主簿为仇香，似此之类甚多。其与汤燖右军、醋浸曹公③之说何异？

《疑耀》

五岭之外，绝无佳酝。近游宦者，宴会皆嗜苍梧寄生酒，独其性酷热，不宜多饮。苍梧之酒，自古有之。晋张华《轻薄篇》有"苍梧竹叶青"。陈张正见《置酒高台上》诗："浮蚁擅苍梧。"未审即此寄生酒否？

《疑耀》

兰溪河清酒，自宋元已有名，第其时已有甘滞不快之訾，见范成大《骖鸾录》矣。

《续本事诗》

前辈戏云有"西湖风月，不如东洛软红香尘"之语，

---

① 毛鸿宾：原作"毛洪宾"，据《太平广记》卷二三三及《古今事文类聚》续集十三改。

② 咥（dié 叠）：咬，此指伤害。

③ 醋浸曹公：醋梅的谑称。此处取曹操"望梅止渴"典故之义。

故东坡《和钱穆公蒋颍叔从驾景云宫》诗云："半白不嗟垂项发，软红犹恋属车尘。"

《桐薪》

《道藏经》有"金饭玉浆"之文，故唐李商隐诗"璚浆未饮结成冰"。然则淮南屑玉化水之法，信非妄矣。

《五杂俎》

唐肃宗张皇后以鸩^①音运脑酒进帝，欲其健忘也。顺宗时，处士伊初玄入宫，饮龙膏酒，令人神爽也。此二者正相反。《酉阳杂俎》："鹘生三子，一为鸩音痴，即鸥字。"

《五杂俎》

红友酒^②，品之极恶者也，而坡以红友胜黄封。甜酒，味之最下者也，而杜谓"不放香醪如蜜甜"。

《学斋占哔》

《陆放翁笔记》有云："唐人爱饮甜酒、灰酒。"如杜子美诗"不放春醪如蜜甜"，则引证切矣。如灰酒，又引陆龟蒙"酒滴灰香似去年"一句为证，余又哂其不然。盖龟蒙《初冬》绝句末联云："小炉低幌还遮掩，酒滴灰香似去年。"言初冬围炉饮酒，盏沥滴在灰中而香，仍似去年光景，不是酒似灰香耳。以上句观之，其义昭然。此精于诗，而不善观诗如此，何哉？

---

① 鸩（yùn 运）：《集韵》："交广人谓鸩曰鸩。一曰雄鸩。"
② 红友：原作"红灰"，据下文及欧阳修《文忠集》卷十九《东坡宜兴事》改。

《野客丛书》

三山老人云："唐人好饮甜酒，殆不可晓。"子美曰："人生几何春与夏，不放香醪如蜜甜。"退之曰："一尊春酒甘若饴，丈人此乐无人知。"仆谓唐人以酒比饴蜜者，大率谓醇乎醇者耳，非谓好饮甜酒也。且以乐天诗验之，曰"瓮头竹叶经春熟，如饧气味绿黏台"；曰"春携酒客过，绿饧黏盏杓"；曰"宜城酒似饧"；曰"黏台酒似饧"。乐天诗非不言酒之甜也，至要其极论，则曰"甘露太甜非正味，醴泉虽洁不芳馨"；曰"户大嫌甜酒，才高笑小诗"；曰"瓮揭闻时香酷烈，瓶封贮后味甘辛"。酒味至于甘辛，乃为佳耳。乐天之诗又如此，岂好甜酒哉？且退之诗亦自有酒味冷冽之语，又岂尝专好甜酒邪？然乐天"户大嫌甜酒"之句，正属退之非好甜酒矣。大抵酒味之适口，古今所同，岂唐人所好与今异邪？三山盖不深考耳。子美"香醪如蜜甜"之句，与《巴子歌》同，《巴子歌》曰："香醪甜似蜜，峡鱼美可鲙。"

《墨庄漫录》

僧谓酒为般若汤，鲜有知其说者。予偶读《释氏会要》，乃得其说。云有一客僧长庆中届一寺，呼净人酤酒，寺僧见之，怒其粗暴，夺瓶击柏树，其瓶百碎，其酒凝滞，著树如绿玉，摇之不散。僧曰："某常持《般若经》，须倾此物一杯，即讽咏浏亮。"乃将瓶就树盛之，其酒尽落器中，略无子遗。奄然流啜，斯须器甀音庾酣畅矣。酒之廋辞①，其起此乎？

《酒谱》

天竺国谓酒为酥，今北僧多云般若汤，盖廋辞以避法禁尔，非释典所出。《阅耕馀录》曰："盖当时犹知有僧律也。"

① 廋（sōu 搜）辞：亦作"廋语"。隐语，谜语。此指"谓酒为般若汤"。廋，隐藏，藏匿。

卷七　茶茗类

《云谷杂记》

饮茶不知起于何时，欧阳公《集古录跋》云[1]茶之见前史，盖自魏晋以来有之。予案《晏子春秋》："婴相齐景公时，食脱粟之饭，炙三弋[2]五卵，茗菜而已。"又汉王褒《僮约》有"五阳一作武都买茶"之语，则魏晋之前，已有之矣。但当时虽知饮茶，未若后世之盛也。郭璞注《尔雅》云："树似栀子，冬生叶，可煮作羹饮。"然茶至冬味苦，岂复可作羹饮邪？饮之令人少睡。张华得之，以为异闻，遂载之《博物志》。非但饮茶者鲜，识茶者亦鲜。至唐陆羽著《茶经》三篇，言茶者甚备，天下益知饮茶。其后尚茶成风。回纥入朝，始驱马市茶。德宗建中间，赵赞始兴茶税，兴元初虽诏罢，贞元九年张滂复奏请，岁得缗钱[3]四十万，今乃与盐、酒同佐国用，所入不知几倍于唐矣。

《说略》

古人以饮茶始于三国时。按《赵飞燕别传》"成帝崩后，后一夕寝中惊啼甚久，侍者呼问，方觉，乃言曰：吾

---

① 云：原作"于"，据《云谷杂记》卷二及《续茶经》改。

② 三弋（yì义）：又称"三禽"。孙星衍《晏子春秋音义》："《诗传》'弋，射'，《说文》作'雉'，缴射飞鸟也。言炙食三禽。"原作"戈"，据《晏子春秋·杂下二六》改。

③ 缗（mín民）钱：汉代计量单位，指每串一千文的铜钱。后泛指税金。

梦中见帝，帝赐吾坐，命进茶。左右奏帝云：向者侍帝不谨，不合啜此茶云云。"然则西汉时已尝有啜茶之说矣。

《疑耀》

古人冬则饮汤，夏则饮水，未有茶也。《资暇录》谓茶始于唐，崔宁、黄伯思已辨其非。伯思尝见北齐杨子华作《邢子才魏收勘书图》，已有煎茶者。《南窗纪谈》谓饮茶始于梁天监中，事见《洛阳伽蓝记》。及阅《吴志·韦曜传》"赐茶荈①以当酒"，则茶又非始于梁矣。余谓饮茶亦非始于吴也。《尔雅》曰"槚②，苦茶"，郭璞注"可以为羹饮，早采为茶，晚采为茗。一名荈"。则吴之前，亦以茶作饮矣，第未必如后世之日用不离也。盖自陆羽，出茶之法始讲；自吕惠卿、蔡君谟辈，法始精。而茶之利，国家且藉之矣。此古人所不及详者也。

《燕闲录》

茶之用，始于汉。著《茶经》，始于陆羽。榷茶，始于张滂。《尔雅》："槚，苦茶。"茶之名始见于此。《吴志》："孙皓密赐韦曜茶茗以当酒。"饮茶始见于此。

《宛委馀编》

《古传注》："茶树初采为茶，老则为茗。"今人俱称新茗，当是错用事也。王肃在宋嗜茗，后走魏嗜酪，曰："茗不中，与酪作奴。"北人因呼茗为酪奴。

---

① 荈（chuǎn 喘）：晚采的老茶。
② 槚（jiǎ 假）：茶树的古称。

《余氏辨林》

郭璞云："蚤①取为茶，晚取为荈。"《茶经》云："一曰茶，二曰槚，三曰蔎②音设，四曰茗，五曰荈。"齐王肃曰："茗不如酪，号为酪奴。"按五经、古史并无茶字，故今篆书通作茶。

《渔隐丛话》

《诗》云："谁谓荼苦。"《尔雅》云"槚，苦荼"，注"树似栀子。今呼早采者为茶，晚采者为茗，一名荈"。蜀人名苦荼，故东坡《乞茶栽》诗云"周诗记苦荼，茗饮出近世。初缘厌粱肉③，假此雪昏滞"，盖谓是也。六一居士《尝新茶》诗云："泉甘器洁天色好，坐中拣择客亦佳。"东坡守维扬④，于石塔寺试茶，诗云："禅窗丽午景，蜀井出冰雪。坐客皆可人，鼎器手自洁。"正谓谚云"三不点"⑤也。

《名义考》

尝考荼，即茶也。《说文》："荼，从草，余声。"有二音，一锄加切，一同都切。有四义，一苦苣，霜后可食，

---

① 蚤：通"早"。早晨。《淮南子·天文》："日至于曾泉，是谓蚤食。"
② 蔎（shè 设）：茶的别称。
③ 粱肉：以粱为饭，以肉为肴。指精美的膳食。
④ 维扬：原作"维阳"，据《苕溪渔隐丛话》前集卷四十六及《诗话总龟》后集卷三十引改。
⑤ 三不点：茶道的法则。"三点"即新茶、甘泉、洁器为一，天气好为一，风流儒雅、气味相投的佳客为一；反之，是为"三不点"。

《诗》"谁谓荼苦"是也；二①委叶，布地而生，花黄如菊，《传》"秦网密于秋荼"是也；三茆秀，其穗色白，《诗》"有女如荼"是也；四苦荼，茗也，《尔雅》"槚，苦荼"，郭璞曰"树如栀子，冬生叶，可煮为羹饮"。《本草》"苦荼能去脂，使人不睡"是也。后人视苦苣、委叶、茆秀为恶草，作荼，作同都切。视茗为嘉木，妄作茶，作锄加切。于是有荼字，又有茶字，不知茶非正文也。陆羽《茶经》曰："其字或从草，或从木，或草木并从。"草者，荼正文也。草木并者，旁从木，作橗也，巴南人曰椴橗。俗以上从草下从木作茶，亦曰木，并不知下余声，非从木也。

《丹铅录》

茶即古荼字也。《周诗》记"荼苦"，《春秋》书"齐茶"，《汉志》书"荼陵"，颜师古、陆德明虽已转入茶②音，而未易字文也。至陆羽《茶经》、玉川《茶歌》、赵赞《茶禁》以后，遂以茶易荼。

《对问编》

《草木子》"茶之用，始于唐"，盖据陆羽《经》耳。《晋史》"刘琨求真茶于弟"，北魏呼茗为酪奴，则先唐人用之。三国《韦曜传》"孙皓赐茶茗以当酒"，又先晋魏用之。《续停骖录》："茶之名，见于王褒《僮约》。"褒，西

---

① 二：原作"一"，据上下文义改。
② 茶：原作"荼"，《丹铅馀录》卷十四同，据《玉海》卷一八一"淳熙《解盐图》"条、《丹铅总录》卷二十七及《升庵集》卷六十四改。

汉人，又先三国用之。《尔雅·释木》"槚，苦荼"，景纯注"早荼晚茗"。《尔雅》创自周公，即郭注不诬，则成周时已用之，岂俟西汉耶？抑予尤不能了。《僮约》"烹茶买茶"，《文苑》注"茶，苦菜。茶，茗也"。二物明矣。杨用修谓："茶即古荼字。《周诗》'荼苦'，《春秋》'齐君荼'，《汉地理志》'荼陵'，颜师古、陆德明虽转入茶音，未易字文，陆羽辈方易之。"其说始之罗鄂州，二家则指为一物也。及用修辨苦菜，乃引《周诗》及《本草》《尔雅》《颜氏家训》诸书，以荼当之，即游冬花，则荼、茶非一明甚。不识用修何先后歧也。《洪武正韵》合荼、茶为一音，岂考之颜、陆与？及以茗释茶，以苦菜释荼，析而为二，又合《文苑》注矣。《商书》"夏王荼毒"，蔡《传》以"荼苦"释之。此苦菜耶？抑苦荼耶？如苦荼也，夏商之世已用之矣。尝笑民生切用，稼穑而外无如荼，尚莫究所始，矧庶汇之众耶。

《譻詝》

"谁谓荼苦，其甘如荠"，言味中有味也，亦青子①馀甜之意。此品茶之最先者。以"葑菲②下体"观之，是其例矣。陆季疵《茶经》，引《神农》《尔雅》，下逮方书，然不若此诗风旨。《本草》注又引"堇荼如饴"，尤见故实。天随子有十咏，亦缘陆而作。

---

① 青子：橄榄的别称。
② 葑（fēng 风）菲：指普通蔬菜。

《六研斋笔记》

摄山栖霞寺有茶坪，茶生蓁莽中，非经人剪植者。唐陆羽入山采之，皇甫冉作诗送之，云："采茶非采菉①，远远上层崖。布叶春风暖，盈筐白日斜。旧知山寺路，时宿野人家。借问王孙草，何时泛碗花②。"茶事于唐末未甚兴，人知鸿渐到处品泉，不知亦到处搜茶。

《说略》

《南部新书》云："湖洲造茶最多，谓之顾渚贡焙，岁造一万八千馀斤。"按此则唐茶不重建，以建未有奇产也。至南唐初造研膏，继造蜡面，既又佳者号曰京挺。宋初置龙凤模，号石乳。又有的乳、白乳，而蜡面始下矣。丁晋公进龙凤团，至蔡君谟又进小龙团，神宗时复制密云龙，哲宗改为瑞云翔龙，则益精，而小龙团下矣。徽宗品茶，以白茶第一，又制三色细芽，而瑞云翔龙下矣。宣和庚子，漕臣郑可闻始创为银丝冰芽，盖将已拣熟芽再剔去，秖取其心一缕，用清泉渍之，光莹如银丝，方寸新銙③小龙蜿蜒其上，号龙团胜雪，去龙脑诸香，遂为诸茶之冠。今建茶碾造虽精，不去龙脑，以为夅合中味，亦不用入瀹。而茶品独贵者虎丘，其次天池，又其次阳羡④，羡之

① 菉（lù 录）：荩草。茎叶作药用，汁液可作黄色染料。
② 碗花：沏茶时碗里泛起的乳花。
③ 銙：腰带上的装饰品。此指茶饼上的装饰。有此种装饰者即名銙茶。
④ 阳羡：即今江苏宜兴，秦汉时称阳羡。

佳者岕①，而龙井、六安之类皆下矣。

《画墁录》

有唐茶品，以阳羡为上供，建溪北苑未著也。贞元中，常衮为建州刺史，始蒸焙而研之，谓研膏茶。其后稍为饼样，故谓之一串。陆羽所烹，惟是草茗尔。迨至本朝，建溪独盛，采焙制作，前世所未有也。士大夫珍尚鉴别，亦过古先。丁晋公为福建转运使，始制为凤团，后又为龙团，贡不过四十饼，专拟上供，虽近臣之家，徒闻之而未尝见也。天圣中，又为小团，其品迥加②于大团，赐两府，止于一斤。唯上大齐宿，八人两府，共赐小团一饼，缕之以金。八人析归，以侈非常之赐，亲知瞻玩，赓唱以诗，故欧阳永叔有《龙茶小录》。或以大团问者，辄刲③方寸以供佛、供仙、家庙，已而奉亲，并待客、享子弟之用。熙宁末，神宗有旨，建州制密云龙，其品又加于小团矣。然密云之出，则二团少粗，以不能两好也。

《演繁露》

建茶名蜡茶，为其乳泛汤面，与熔蜡相似，故名蜡面茶也。杨文公《谈苑》曰"江左方有蜡面之号"是也。今人多书蜡为腊，云取先春为义，失其本矣。

---

① 岕（jiè介）：原为两山之间的土地。此指宜兴南部所产岕茶，明清时为贡茶。

② 加：超越。

③ 刲（kuī亏）：割。

《渔隐丛话》

欧公《和刘原父扬州时会堂绝句》云"积雪犹封蒙顶树，惊雷未发建溪春。中州地暖萌芽早，入贡宜先百物新"，注云"时会堂，造贡茶所也"。余以陆羽《茶经》考之，不言扬州出茶。惟毛文锡《茶谱》云："扬州禅智寺，隋之故宫，寺枕蜀冈，其茶甘香，味如蒙顶焉。"第不知入贡之因，起于何时，故不得而志之也。

《渔隐丛话》

唐茶惟湖州紫笋入贡，每岁以清明日贡到，先荐宗庙，然后分赐近臣。紫笋生顾渚，在湖、常二境之间。当采茶时，两郡守毕至，最为盛集。此蔡宽夫《诗话》之言也。蔡但知其一，而不知其二。按陆羽《茶经》云："浙西以湖州上，常州次。湖州生长兴县顾渚山中，常州义兴县生君山悬脚岭北峰下。"唐义兴县《重修茶舍记》云："义兴贡茶，非旧也。前此故御史大夫李栖筠实典①是邦，山僧有献佳茗者，会客尝之，野人陆羽以为芬香甘辣，冠于他境，可荐于上。栖筠从之，始进万两，此其滥觞也。厥后因之，征献浸广，遂为任土之贡，与常赋之邦侔②矣。"故玉川子诗云"天子未尝阳羡茶，百草不敢先开花"，正谓是也。当时顾渚、义兴皆贡茶，又邻壤相接，白乐天守姑苏，闻贾常州、崔湖州茶山境会，想羡欢宴，因寄诗云："遥闻境会茶山夜，珠翠歌钟俱绕身。盘下中

---

① 典：掌管、任职。
② 侔（móu 谋）：相等，齐。

分两州界，灯前合作一家春。青娥递舞应争妙，紫笋齐尝各斗新。自叹花时北窗下，蒲黄酒对病眠人。"唐袁高为湖州刺史，因修贡顾渚茶山，作诗云："禹贡通远俗，始图在安人。后王①失其本，职吏不敢陈。亦有奸佞者，因兹欲求伸。动至千金费，日使万姓贫。我来顾渚源，得与茶事亲。黎甿②辍耕农，采掇实苦辛。一夫且当役，尽室皆同臻。扪葛上倚壁，蓬头入荒榛。终朝不盈掬，手足皆鳞皴。悲嗟遍空山，草木为不春。阴岭牙未吐，使曹牒已频。心争造化先，走挺麋鹿均。选纳无日夜，捣声昏系晨。众功何枯栌，俯视弥伤神。皇帝尚巡狩，东郊路多堙。周回绕天涯，所献惟艰勤。况减兵革用，兼兹困疲民。未知供御馀，谁合分此珍。顾省忝邦守，有惭复因循。茫茫沧海间，丹愤何由申？"此诗雅得诗人讽谏之体，可尚也。

《韵语阳秋》

世言团茶始于丁晋公，前此未有也。庆历中，蔡君谟为福建漕使，更制小团以充岁贡。元丰初，下建州，又制密云龙以献，其品高于小团，而其制益精矣。曾文昭所谓"莆阳学士蓬莱仙，制成月团飞上天"，又云"密云新样尤可喜，名出元丰圣天子"是也。唐陆羽《茶经》于建茶尚云未详，而当时独贵阳羡茶，岁贡特盛，茶山居湖、常二州之间，修贡则两守相会，山椒有境会亭，基尚存。卢仝

---

① 王：原作"生"，据《御定全唐诗》卷三一四改。
② 黎甿：指农夫。

《谢孟谏议茶》诗云："天子须尝阳羡茶，百草不敢先开花。"是已然，又云"开缄宛见谏议面，手阅月团三百片"，则团茶已见于此。当时李郢《茶山贡焙歌》云："蒸之馥之香胜梅，研膏架动声如雷。茶成拜表贡天子，万人争唼春山摧。"观研膏之制，则知尝为团茶无疑。自建茶入贡，阳羡不复研膏矣。

《六研斋笔记》

杜鸿渐《与杨祭酒书》云："顾渚中山紫笋茶两片。此物但恨帝未得尝，实所太息。一片上太夫人，一片充昆弟同啜。"然则唐所进奉，类非佳味。其后开成三年，以贡不如法，停刺史裴充官。

《梦溪笔谈》

建茶之美者，号北苑茶。今建州凤凰山，土人相传谓之北苑，言江南尝置官领之，谓之北苑使。予因读李后主文集，有《北苑诗》及《文苑纪》，知北苑乃江南禁苑，在金陵，非建安也。江南北苑使，正如今之内园使。李氏时有北苑使，善制茶，人竟贵之，谓之北苑茶。如今茶器中有学士瓯之类，皆因人得名。

《杨公笔录》

会稽日铸山茶，品冠江浙。山去县几百里，有上灶下灶，盖越王铸剑之地。世传越王铸剑，他处皆不成，至此，一日而铸成，故谓之日铸。或云日注，非也。山有寺，其泉甘美，尤宜茶。山顶谓之油车岭，茶尤奇，所收绝少。其真者牙长寸馀，自有麝气。越人或以沸汤沃麝，乘热涤瓶焙干，以贮茶牙，密封之，伪称日铸。开瓶，麝气袭人，殊混真，人往往不能辨。或云日注，以日所注处云。

《七修类稿》

世以山东蒙阴县山所生石藓谓之蒙茶。士大夫珍贵，而《茶经》所不载。蒙顶茶，在四川雅州，即古蒙山郡。其《图经》云："蒙顶有茶，受阳气之全，故茶芳香。"《方舆胜览》《一统志》"土产"俱载蒙顶茶。《晁氏客话》亦言雅州也。

《演繁露》

卢仝《谢惠茶》诗，历叙一碗至六碗，皆有功用，其夸茶力，至曰："既觉两腋习习清风生，蓬莱山在何处？玉川子乘此欲归去。"案温庭筠《采茶录》"《天台记》'丹丘出大茶，服之生羽翼'"。又《茶谱》记蒙山中顶茶效曰"若获四两，服其一则祛疾，二即无病，三即换骨，四两即为地仙。有僧信其言，仅获一两，服之病差，容貌若三十许，人眉发绿色"，然则谓茶能轻身，可为飞仙，非全出意为怪奇也。

《馀冬序录》

郴之桂阳县产风叶，充茗饮，能愈头风，故名。亦可浸酒，性微热。前人志记不载。《范石湖集》："蛮茶出修江，治头风。"南人今无所谓蛮茶者，风叶岂蛮茶之谓耶？郴之土蛹，石湖所谓地蚕是也。地蚕，中州亦有之，谓之甘露子。

《丹铅录》

《竹坡诗话》曰："东坡有密云龙，山谷有乔云龙。"皆茶名也。

《五色线》

龙安有骑火茶最上，不在火前①不在火后故也。清明改火，故曰骑火茶。

《丹铅录》

蔡襄《茶录》"佳茶多以珍膏油其面"，自注"油，去声"。

《丹铅录》

凡茶有二类，曰片，曰散。片茶蒸造，实卷摸②中串之。惟建、剑则既蒸而研，编竹为格，置焙室中，最为精洁，他处不能造。其名有龙、凤、石乳、的乳、白乳、头金、蜡面、头骨、次骨、末骨、粗骨、山挺十二等，以充岁贡及邦国之用。泪本路食茶。馀州片茶，有进宝、双胜、宝山、两府出兴国军，仙芝、嫩蕊、福合、禄合、运合、庆合、指合出饶、池州，泥片出虔州，绿英、金片出袁州，玉津出临江军、灵川、福州；先春、早春、华英、来泉、胜金出歙州，独行、灵草、绿芽、片金、金茗出潭州，大拓枕出江陵，开胜、开卷、小卷、生黄、翎毛出岳州，双上、绿芽、大小方出岳、辰、澧州，东首、浅山、

---

① 火前：谓寒食节禁火之前。
② 摸：当作"模"。

薄侧出光州，总二十六名①。其两浙及宣、江、鼎州，止以上中下，或第一至第五为号。散茶有太湖、龙溪、次号、末号出淮南，岳麓、草子、杨树、雨前、雨后出荆湖，清口出归州，茗子出江南，总十一名。又小岘山在六安州，出茶名小岘春，即六安茶也。按此一则出《通考》，升庵特录之耳。

《五杂俎》

《文献通考》：茗有"片"有"散"。片者，即龙团旧法。散者，则不蒸而干之，如今之茶也。始知南渡之后，茶渐以不蒸为贵矣。

《臆乘》

茶之所产，陆②《经》载之详矣，独异美之名未备。谢氏论茶曰："比丹丘之仙茶，胜乌程之御荈，不止味同露液。白况霜华，岂可为酪苍头，便应代酒从事。"杨衍之作《洛阳伽蓝记》曰"食有酪奴"，指茶为酪粥之奴也。杜牧之诗："山实东南秀，茶称瑞草魁。"皮日休诗："石盆煎皋卢。"曹邺诗："剑外尤华美。"施肩吾诗："茶为涤烦子，酒为忘忧君。"胡峤诗："沾牙旧姓馀甘氏，破睡当封不夜侯。"陶彝诗："生凉好唤鸡苏③佛，回味宜称橄榄仙。"皮光业诗："未见甘心氏，先迎苦口师。"《清异

---

① 二十六名：上述诸种茶数目与二十六不符，待考。
② 陆：原作"六"，据《四库全书》本改。
③ 鸡苏：薄荷。原作"苏鸡"，据陶穀《清异录》卷下、彭大翼《山堂肆考》卷一九三引、陆廷灿《续茶经》卷下之二改。

录》："名森伯，又名晚甘侯。"

《庶物异名疏》

《艺林伐山》云："碧琳腴酒，名见曾吉父诗。"仁按山谷诗"喜公新赐紫琳腴"，《真诰》诗"漱此紫琳腴"，则又茶名。

《留青日札》

古人酒多以春名，而茶亦有以春名者，宣和之玉液长春、龙苑报春、万春银叶，我朝建宁贡茶曰探春、曰先春、曰次春。又宋谢府酒名胜茶，此又奇也。余欲以茶名胜酒。

《留青日札》

熊克《北苑别录》载茶之品，有曰小芽者，其小如鹰爪，先次蒸熟，置之水盆中，剔取其精英，仅如针小，谓之水芽，是小芽中之最精者；曰中芽者，即一枪二旗也；曰紫芽者，叶之紫者也；曰白合者，乃小芽有两叶，抱而生者也；曰乌蒂者，茶之带头者也。水芽为上，小芽次之，中芽又次之，紫芽、白合、乌蒂皆所不取。

《梦溪笔谈》

茶芽，古谓之雀舌、麦颗，取其至嫩也。余谓茶之美者，其质素良，而所植之土又美，则新芽一发便长寸①馀，其细如针。惟芽长为上品，以其质干土力，皆有馀也。如

---

① 长寸：底本蚀，据《四库全书》本、《梦溪笔谈》卷二十四及祝穆《古今事文类聚》续集卷十二补。

雀舌、麦颗，皆下材耳，乃北人不识，误为品题。予山居有《茶论①》，为诗曰："谁把嫩香名雀舌，定知北客未曾尝。不知灵草天然异，一夜风吹一寸长。"

《七修类稿》

世传烹茶有一横一竖，而细嫩于汤中者，谓之旗枪茶。《麈史》谓："茶之始生而嫩者为一枪，浸大而展为一旗，过此则不堪矣。"叶清臣《煮茶述》曰："粉枪末旗，盖以初生如针而有白毫，故曰粉枪，后大则如旗矣。"此与世传之说不同，不知欧阳公《新茶诗》曰："鄙哉谷雨枪与旗。"王荆公又曰："新茗斋中试一旗。"则似不取也。或者二公以雀舌为旗枪耳。世不知雀舌乃茶之下品，今人认作旗枪，非是。故昔人有诗云："谁把嫩香名雀舌，定应北客未曾尝。不知灵草天然异，一夜春风一寸长。"或二公又有别论亦未可知，姑记之。

《研北杂志》

李仲宾学士言："交趾茶如绿苔，味辛烈，名之曰登。"

《丹铅录》

傅巽《七诲》："峘阳黄梨，巫山朱橘，南中茶子，西极石蜜。"茶子触处有之，而永昌产者味佳，乃知古人已入文字品题矣。

---

① 论：原作"崙"，据《梦溪笔谈》卷二十四、江少虞《事实类苑》卷六十及祝穆《古今事文类聚》续集卷十二改。

《丹铅录》

蔡松年小词："银屏小语私分，麝月春心一点。"麝月，茶名，麝言香，月言圆也。或说麝月是画眉、香煤，亦通，但下不得分字。又党怀英茶词云："红莎绿蒻春风饼，趁梅驿，来云岭。"金国明昌大定时，文物已埒中国，而制茶之精如此，胡雏亦风味也，非见元宵灯以为妖星下地之日比也。

《五杂俎》

古人造茶多春，令细末而蒸之。唐诗"家僮隔竹敲茶臼"是也。至宋始用碾，揉而焙之，则自本朝始也。但揉者，恐不若细末之耐藏耳。

《五杂俎》

苏才翁与蔡君谟斗茶，蔡用惠山泉水，苏茶稍劣，改用竹沥水煎，遂能取胜。然竹沥水，岂能胜惠泉乎？竹沥水出天台，云彼人将竹少屈而取之盈瓮，则竹露，非竹沥也。若医家火逼取沥，断不宜茶矣。

《五杂俎》

昔人喜斗茶，故称茗战。钱氏子弟取霅上①瓜，各言子之的数，剖之以观胜负，谓之瓜战。然茗犹堪战，瓜则俗矣。

---

① 霅（zhà 炸）上：浙江湖州的别称，因境内有霅溪而得名。

陈辅之《诗话》

唐赵璘述《因话录》，载其家兵部君性尤嗜茶，能自煎，谓人曰："茶须缓火炙，活水煎。"坡有"活水还须缓火煎"，恐亦用此。

《东坡诗话》

唐人煎茶用姜，故薛能诗云"盐损添常戒，姜宜著更夸"，据此则又有用盐者矣。近世有用此二物者，辄大笑之。然茶之中等者，用姜煎，信佳也，盐则不可。

《疑耀》

东坡《和寄茶诗》："老妻稚子不知爱，一半已入姜盐煎。"陈无已①《乞茶诗》："愧无一缕破双团，惯下盐姜枉肺肝。"是唐宋以前茶皆用姜盐也。有友人尝为余言，楚之长沙诸郡，今茶犹用盐姜，乃为敬客，岂亦古之遗俗耶？

《渔隐丛话》

《文昌杂录》云："库部林郎中说，建州上春采茶时，茶园人无数，击鼓声闻数里。然一园中，才间垄，茶品已相远，又况山园之异耶？"欧阳永叔《尝茶诗》云："年穷腊尽春欲动，蛰雷未起驱龙蛇。夜闻击鼓满山谷，千人助叫声喊呀。万木寒凝睡不稳，惟有此树先萌芽。"予官富沙凡三春，备见北苑造茶。但其地暖，方惊蛰，茶芽已长

---

① 已：原作"巳"。此下所引为陈师道诗，陈师道字无已，据改。

寸许，初无击鼓喊山之事。永叔诗与文昌所纪，皆非也。北苑茶山，凡四十五里，茶味惟均，岂有"间垄茶品已相远"之说耶？

《青琐集》

范文正有《采茶歌》，天下共传。蔡君谟谓希文公："歌脍炙人口，有少未完。盖公才气豪杰，失于少思。"希文曰："何以言之？"君谟曰："昔茶句云'黄金碾畔绿尘飞，碧玉瓯中翠涛起'，今茶之绝品，其色贵白，翠绿乃茶之下者耳。"希文曰："君善鉴茶者也，此中吾语之病也，公意如何？"君谟曰："欲革公诗二字，非敢有加焉。"公曰①："革何字？"君谟曰："翠绿二字，可云'黄金碾畔玉尘飞，碧玉瓯中素涛起'。"希文曰："善。"又见君谟之精茶，希文之伏十义。

《三山老人语录》

茶之佳品，造在社前②；其次则火前，谓寒食前也；其下则雨前，谓谷雨前也。佳品其色白，若碧绿者，乃常品也。茶之佳品，牙蘖细微，不可多得，若此数多者，皆常品也。茶之佳品，皆点啜之，其煎啜之者，皆常品也。齐己《茶诗》曰："甘传天下口，贵占火前名。"又曰："高人爱惜藏岩里，白瓯③封题寄火前。"丁谓《茶诗》曰："开缄新试火，须汲远山前。"凡此皆言火前，盖未知

---

① 曰：此下至本卷末底本残，据《四库全书》本补。

② 社前：春社日（即春分）之前。

③ 瓯（zhuì坠）：古时称坛子一类的瓦器。

社前之品为佳也。郑谷《茶诗》曰："入座半瓯轻泛绿，开缄数片浅含香。"郑云叟《茶诗》曰："维忧碧粉散，尝见绿花生。"沈存中论茶，谓"黄金碾畔绿尘飞，碧玉瓯中翠涛起"，宜改绿为玉，翠为素，此论可也；而举"一夜风吹一寸长"之句，以为茶之精美，不必以雀舌、鸟嘴为贵。今案，茶至于寸长则其芽叶大矣，非佳品也，存中此论曲矣。卢仝《茶诗》曰："开缄宛见谏议面，手阅月团三百片。"薛能《谢刘相公寄茶诗》曰："两串春团敌夜光，名题天柱印维扬。"茶之佳品，珍逾金玉，未易多得，而以三百片惠卢仝，以两串寄薛能者，皆下品可知也。齐己诗："角开香满室，炉动绿凝铛。"丁谓诗曰："末细烹还好，铛新味更全。"此皆煎啜之也。煎啜之者，非佳品矣。唐人于茶，虽有陆羽为之说，而评论未精。至本朝，蔡君谟《茶录》既行，则持论精矣。以《茶录》而核前贤之诗，皆未知佳味者也。

《渔隐丛话》

东坡诗"春浓睡足午窗晓，想见新茶如泼浮"，又云"新火发茶乳"，此论皆得茶之正色矣。至《赠谦师点茶》则云"忽惊午盏兔毫斑，打作春瓮鹅儿酒"，盖用老杜诗"鹅儿黄似酒，对酒爱新鹅"。是则其色黄，乌得为佳茗哉？今东坡前集不载此诗，想自知非，故删去之。

校注后记

《艺林汇考饮食篇》（以下简称"饮食篇"）是一部考证专著。清沈自南编撰，成书于康熙二年（1663）。本书共七卷，为饔膳类、羹豉类、粉饵类、臇脍类、酒醴类上、酒醴类下、茶茗类。以考订为主，旁征博引，汇集了历代诸家关于饮食的精辟论述，援引众多学者对不同事物的辨证观点，并参以己见。内容丰富，载录翔实，钱谦益称赞此书为"经籍之禁御，文章之圃田"。

一、版本情况

据《中国中医古籍总目》记载，《饮食篇》现存刻本为清顺治十八年（1661）刻本，四卷。而据《中国古籍善本书目》子 7219 条和 7220 条著录，《饮食篇》初刻于清康熙二年（1663），七卷现存于北京大学图书馆、南开大学图书馆、南京图书馆和复旦大学图书馆。《四库全书》所收录的也是该七卷本。现将此次整理版本调研情况详述如下：

1. 顺治四卷本

《饮食篇》顺治本，共计四卷，收藏于中国中医科学院。《中国本草全书》亦全文收录了此书。该本刊印清晰，卷面整洁，沈自南作序于书前（图 1、2），全书分饔膳、羹豉类、粉饵类和臇脍类四卷。

2. 康熙本

据《中国古籍善本书目》记载，《饮食篇》康熙本，共计七卷，分别藏于北京大学图书馆、南开大学图书馆、南

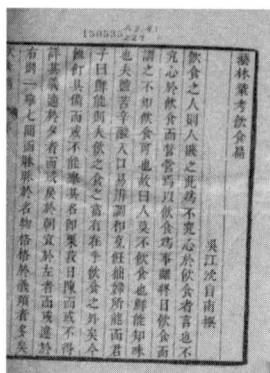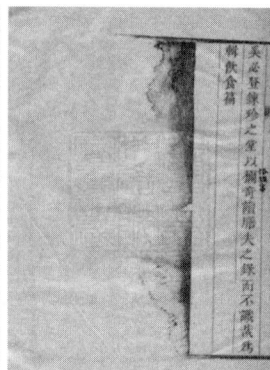

图 1　　　　　　　　图 2

京图书馆和复旦大学图书馆。图3、4是南京图书馆所藏《艺林汇考》丛书中程邑所作之序，位于《植物篇》之前，时间为康熙癸卯年，即康熙二年（1663）。

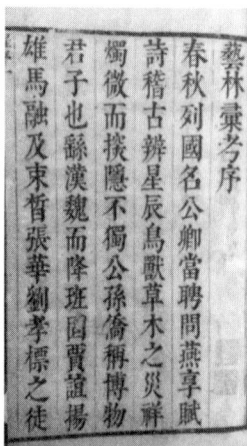

图 3　　　　　　　　图 4

此本中，程邑序后紧随有《艺林考证汇言》引（图5）。《饮食篇》卷前有沈自南自序（图6）。较之前顺治本多了酒醴类上、酒醴类下和茶茗类三卷。书前无目录，印刷精整，风格统一，内容完整。

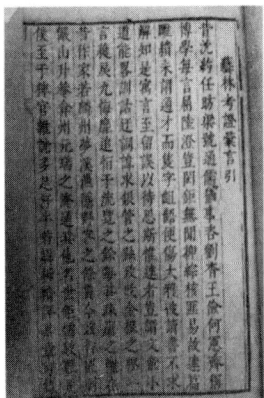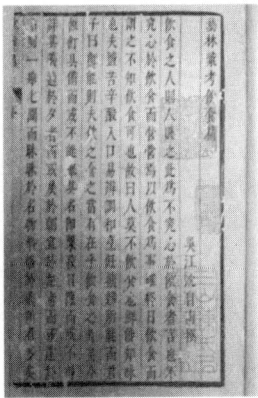

图5　　　　　　　图6

经过仔细比勘，无论版式、字体、序及内容，康熙本前四卷均与顺治本完全相同，可见康熙本是在顺治本基础上增补而成。值得一提的是，顺治本虽然印刷清晰，然边栏断裂较多，且每卷卷末的左下方有明显留白（图7），而康熙本卷末相同位置均为清晰的"男永×校"四字（图8）。顺治本此处为何留白，仍待考证。

3.《四库全书》本

清乾隆《四库全书》收录《艺林汇考》，其中《饮食篇》七卷。丛书卷首陈鉴题记云："此书凡二十四篇，卷帙甚多……今复得刊修行世，有深幸焉。故谨述所闻，以告学者。"落款为"乾隆辛未八月朔秀水后学陈鉴"（图9）。《邵亭知见传本书目》中也明确记载"康熙癸卯刊本，乾隆辛未重刊"。可知，乾隆十六年（1751）刊刻过此书。然《中国中医古籍总目》和《中国古籍善本书目》并无此

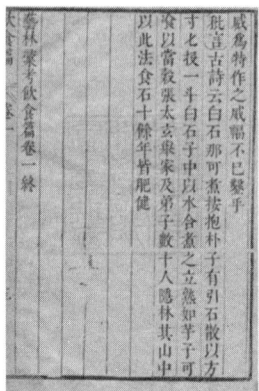
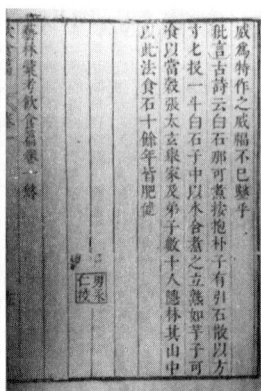

图7　　　　　　　图8

刻本的相关记录。根据陈鉴题记，可知《四库全书》本即以乾隆十六年刻本为底本抄录而成。

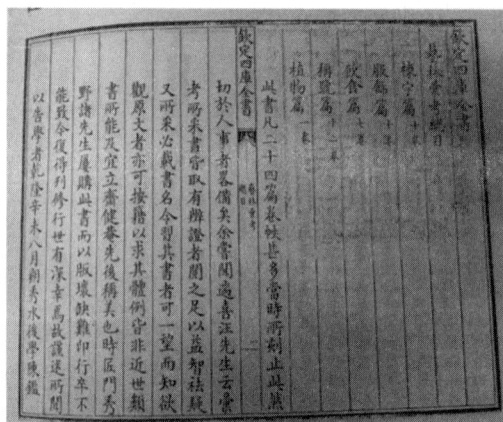

图9

综上可见，《饮食篇》版本系统、源流单一，现存最完整、最早的版本为清康熙二年（1663）七卷本。本次整理，我们选用此本作为底本，《四库全书》本作为校本，同时以本书所引诸书进行他校。

二、作者生平

沈自南（1612—1667），字留侯，号恒斋。为吴江沈珫十子。吴江沈氏乃文学世家，是明清时期吴江地区文化繁荣的典型代表。沈氏自始祖沈文于元末明初由浙江迁入吴江后，世居此地，至清同治时沈桂芬一代，绵延四百馀年，共历十七世。其间科甲蝉联，文人辈出，先后共有文学家一百四十九人，作品集百馀部，并且出现了科举上的"沈氏五凤"和文学上的"沈氏八龙"。沈氏家族以忠孝立身，以诗礼传家，不仅在文学领域"吴兴骚雅，领袖江南"，而且在仕途上、道德上都堪为邑中典范。

虽然明清时期沈氏家族声名显赫，但历代文献中有关沈自南的资料信息甚少。《乾隆吴江县志》称其性情恬静，少言寡语，不闻世事，唯好著书。《家传·恒斋公传》曰："少孤，刻苦力学，崇祯丙子举于乡，益闭户读书不辍，知县叶翼云以真孝廉目之。"沈自南于明崇祯九年（1636）中举人，清初隐居吴江同里，顺治九年（1652）举进士，又家居十馀年始谒选，授山东蓬莱知县。为官清廉，百姓拥戴，后因奸人所害被罢黜。康熙六年（1667）卒于官邸，年五十六岁。《家传·恒斋公传》盛赞云："公为人风流潇洒，词令韶秀，有晋人风度，虽捷南宫而淡于宦情，兀坐著书，不与世务。每当良朋聚会，饮酒赋诗，清言娓娓，彻夜不倦。"

沈自南一生著作众多，涉猎甚广，著有《艺林汇考》

一百七十一卷、《历代纪事考异》四十卷、《五朝国史纪事本末》十八卷、《乐府笺题》二十四卷、《恒斋诗稿》四卷、《妇人名字录》四卷、《集陶》（又名《律陶》）一卷、《酬赠草》一卷，另与蒋自远合作《吴江竹枝词》一卷。

三、内容简介与学术价值

1. 内容简介

《饮食篇》共七卷，分饔膳类、羹豉类、粉饵类、臛脍类、酒醴类上、酒醴类下和茶茗类。书中引述《周礼》《诗经》及大量笔记、类书中有关饮食训诂的内容，并予以类编，详尽阐释了饮食诸物之古义。《四库全书总目提要》将其列入杂家类著作下。书中除了载录各种饮食的名物沿革和具体制法，还涉及进食礼仪、风俗习惯和民间掌故等，并对后世讹传之处严加考订，正本清源。内容丰富翔实，考证理据充足，是一部实用可靠的类书著作。

2. 学术价值

《艺林汇考》凡五篇，曰栋宇，曰服饰，曰饮食，曰称号，曰植物。《饮食篇》为其中之一，辑录了历代的饮食内容。书中辑录如"馓子"，古代一名寒具，又名环饼，或称捻头等，古人对此看法不一，众说纷纭，作者均一一列举，在卷三"粉饵类"中充分汇集了《尚书故实》《五总志》《山家清供》《丹铅录》《五杂俎》等书关于寒具、环饼、馓子、粔籹的考证，有助于人们对"馓子"的进一步认识。又如"八珍"，书中清楚记载了古代的诸多见解。在卷四"臛脍类"中又汇集了《六研斋笔记》《留青日札》《吕希哲杂记》《秕言》中四则考证资料，指出"八珍"最早是指淳熬、淳母、炮豚、捣珍、渍、熬、糁、肝膋，再后至元代有"迤北八珍"，至于"世传八珍为熊蹯、豹胎、驼峰、翠釜之类，则是不经之说"。除对食品名称的记载，该书还汇集了一些有关烹饪方法和饮食词语的考证资料，颇有见地，给人以启示，如"佳餐""一顿""一头""小食""点心""酒"等，考证简明而准确。类似之处还有很多，充分说明本书具有较高的史料价值。

《四库全书总目提要》称赞说："其所征引，率博赡有根柢"。故陈鉴《题记》又述汪份之言曰："《汇考》所采书，皆取有辨证者，阅之足益智怯疑。又所采必载书名，令习其书者一望而知，欲观原文者亦可按籍以求，其体例皆非近世类书所能及，所论颇得其实。故特录之杂考类中，不与他类书并列焉。"清代著名文人钱谦益亦高度评价了《艺林汇考》，曰："公博通今古，其书为经籍之禁御，文章之圃田……长洲陈君格以为多朗秀而浑成，五言古体亦得陶公神韵。"

《饮食篇》内容丰富，考证严谨。其体例和一般的饮食著作不同，不是食物制作技法的归纳，而是对于各种食物名称、历史沿革的资料汇编，为读者提供了大量可靠的资料，有助于饮食方面的考证和研究，是研究食品史的重要参考文献。

总 书 目

医　经

内经博议

内经精要

医经津渡

灵枢提要

素问提要

素灵微蕴

难经直解

内经评文灵枢

内经评文素问

内经素问校证

灵素节要浅注

素问灵枢类纂约注

清儒《内经》校记五种

勿听子俗解八十一难经

黄帝内经素问详注直讲全集

基础理论

运气商

运气易览

医学寻源

医学阶梯

医学辨正

病机纂要

脏腑性鉴

校注病机赋

内经运气病释

松菊堂医学溯源

脏腑证治图说人镜经

脏腑图书症治要言合璧

伤寒金匮

伤寒大白

伤寒分经

伤寒正宗

伤寒寻源

伤寒折衷

伤寒经注

伤寒指归

伤寒指掌

伤寒选录

伤寒绪论

伤寒源流

伤寒撮要

伤寒缵论

医宗承启

伤寒正医录

伤寒全生集

伤寒论证辨

伤寒论纲目

伤寒论直解

伤寒论类方

I

本　草

方　书

卫生编

袖珍方

仁术便览

古方汇精

圣济总录

众妙仙方

李氏医鉴

医方丛话

医方约说

医方便览

乾坤生意

悬袖便方

救急易方

程氏释方

集古良方

摄生总论

辨症良方

活人心法（朱权）

卫生家宝方

寿世简便集

医方大成论

医方考绳愆

鸡峰普济方

饲鹤亭集方

临症经验方

思济堂方书

济世碎金方

揣摩有得集

亟斋急应奇方

乾坤生意秘韫

简易普济良方

内外验方秘传

名方类证医书大全

新编南北经验医方大成

临证综合

医级

医悟

丹台玉案

玉机辨症

古今医诗

本草权度

弄丸心法

医林绳墨

医学碎金

医学粹精

医宗备要

医宗宝镜

医宗撮精

医经小学

医垒元戎

医家四要

证治要义

松厓医径

扁鹊心书

素仙简要

慎斋遗书

折肱漫录

丹溪心法附余